...ENQUANTO A FELICIDADE NÃO VEM...

ANDRÉ MANTOVANNI

...ENQUANTO A FELICIDADE NÃO VEM...

Uma reflexão inspiradora para
se conectar com a sua alma

PREFÁCIO DE MONJA COEN

Editora
Cultrix
SÃO PAULO

Copyright © 2023 André Mantovanni.

Copyright da edição brasileira © 2024 Editora Pensamento-Cultrix Ltda.

1ª edição 2024.

Todos os direitos reservados. Nenhuma parte desta obra pode ser reproduzida ou usada de qualquer forma ou por qualquer meio, eletrônico ou mecânico, inclusive fotocópias, gravações ou sistema de armazenamento em banco de dados, sem permissão por escrito, exceto nos casos de trechos curtos citados em resenhas críticas ou artigos de revistas.

A Editora Cultrix não se responsabiliza por eventuais mudanças ocorridas nos endereços convencionais ou eletrônicos citados neste livro.

Editor: Adilson Silva Ramachandra
Gerente editorial: Roseli de S. Ferraz
Preparação de originais: Denise de Carvalho Rocha
Gerente de produção editorial: Indiara Faria Kayo
Projeto gráfico e diagramação: Marcos Fontes / Indie 6 – Produção Editorial
Revisão: Vivian Miwa Matsushita

Dados Internacionais de Catalogação na Publicação (CIP)
(Câmara Brasileira do Livro, SP, Brasil)

Mantovanni, André
--Enquanto a felicidade não vem-- : uma reflexão inspiradora para se conectar com a sua alma / André Mantovanni ; prefácio de Monja Coen. -- 1. ed. -- São Paulo : Editora Cultrix, 2024.

ISBN 978-65-5736-291-4

1. Felicidade 2. Reflexões I. Coen, Monja. II. Título.

24-189142 CDD-133

Índices para catálogo sistemático:

1. Felicidade : Espiritualidade   133

Cibele Maria Dias - Bibliotecária - CRB-8/9427

Direitos reservados
EDITORA PENSAMENTO-CULTRIX LTDA.
Rua Dr. Mário Vicente, 368 — 04270-000 — São Paulo, SP – Fone: (11) 2066-9000
http://www.editoracultrix.com.br
E-mail: atendimento@editoracultrix.com.br
Foi feito o depósito legal.

*Para Inácio Chaves,
amigo que tanto me ensinou.*

SUMÁ

Prefácio da Monja Coen 11

Introdução 15

Capítulo 1 Felicidade, uma jornada possível! 23

Capítulo 2 Uma vida de propósitos reais 39

Capítulo 3 Transgredir para ser feliz! 53

Capítulo 4 Felicidade nas redes: conectados com

o mundo, mas distantes do coração 73

Capítulo 5 Felicidade, uma corrida contra o tempo ... 89

Capítulo 6	É preciso atravessar os desertos da alma	**105**
Capítulo 7	A coragem de amar	**117**
Capítulo 8	O despertar interior	**129**
Capítulo 9	A felicidade que está além da razão	**139**
Capítulo 10	Enquanto a felicidade não vem	**155**

Posfácio de Renato Oliveira Rossi **171**

Agradecimentos **173**

Bibliografia **174**

"Há sem dúvida quem ame o infinito,
Há sem dúvida quem deseje o impossível,
Há sem dúvida quem não queira nada –
Três tipos de idealistas, e eu nenhum deles:
Porque eu amo infinitamente o finito,
Porque eu desejo impossivelmente o possível,
Porque quero tudo, ou um pouco mais, se puder ser,
Ou até se não puder ser..."

– ÁLVARO DE CAMPOS

PREFÁCIO

"Quem conhece o contentamento é feliz mesmo dormindo sobre o chão duro. Quem não conhece o contentamento é infeliz mesmo num palácio celestial."

– Buda Xaquiamuni

Enquanto a felicidade não vem podemos convidá-la, criar causas e condições propícias para sua vinda. Mas primeiro será preciso saber que ela existe, sim. Está por aí. Por isso precisamos chamá-la carinhosamente, aguardá-la com leve ansiedade, espreitar pelo canto da janela com um sorriso de alegria. Ela se torna invisível algumas vezes, mas nunca desaparece. Pode chegar de repente, sorrateira, e nos surpreender com seu doce olhar.

Buda, há mais de dois mil e seiscentos anos, ensinava aos seus discípulos e discípulas a bênção de conhecer o contentamento; de sair da zona das reclamações, das insatisfações, dos apegos, das aversões e apreciar cada momento da vida. Conhecer o contentamento é ficar bem, independentemente do momento e da experiência. Desconhecer o contentamento é reclamar de tudo e de todos, é querer sempre mais, sem nunca reconhecer quando se tem o suficiente e não saber agradecer e apreciar a própria existência.

André Mantovani aponta um suave caminho, sugerindo práticas, observações, reflexões e questionamentos que nos convidam a adentrar um estado de tranquilidade e plenitude, de sabedoria e ternura, que nos leva ao verdadeiro contentamento. Esse contentamento seria a felicidade? Seria o que Buda chamou de Nirvana, um estado de expansão da consciência em que nos reconhecemos em comunhão com tudo que é, foi e será? André Mantovani apresenta uma jornada de claridade e certeza. Levanta questões e nos deixa livres para criar a nossa própria narrativa. O caminho é livre para quem se liberta.

É preciso observar em profundidade. Conhecer a própria mente, corpo e espírito. Há métodos milenares e há meios extremamente novos, com o uso da tecnologia e o apoio da inteligência artificial. Vivemos no agora. Somos seres desta era. Resultado de milhões de vidas. Todo passado, futuro e presente entrelaçados com todas as formas de vida.

...ENQUANTO A FELICIDADE NÃO VEM...

INTERSOMOS. Inter... ligados a tudo que existe.

— THICH NHAT HANH

O presente faz a ponte entre o passado e o futuro. Somos a vida da Terra em constante movimento e transformação. Poeira cósmica. Dependemos do equilíbrio universal para nos manter vivos. Observe, contemple, respire, sinta e aprecie sua vida. Quem desperta, aprecia a vida enquanto a felicidade não vem. Mas será que já não chegou? Se você criar uma ideia sobre a felicidade, ela correrá tão ligeira que você nunca a alcançará.

"A felicidade está sempre onde a pomos,
mas nunca a pomos onde nós estamos."

— VICENTE DE CARVALHO

Sem expectativas, sem apegos e sem aversões, temos que despertar a mente da equidade para os caminhos se abrirem. Ainda há guerras, abusos, violências, mísseis, tiros perdidos e tiros encontrados. Há incêndios, alagamentos, mortes, afogamentos. Há ruídos e há silêncios. Há a possibilidade da paz, da harmonia, da compreensão profunda de quem somos e do que é "vida-morte". Questionar-se e aprofundar-se na verdade é tornar-se livre, é despertar.

Lá vem ela, nua e bela, leve e suave. Já vem vindo, devagar, banhando, por onde passa, tudo e todos com seus raios de luz.

Transformações. Transmutações. As pessoas se reconhecem, se respeitam e se arrependem das faltas e erros. Arrepender-se é assumir responsabilidade e se comprometer a não repetir as faltas. Também há o voto de fazer o bem, fazer bem-feito o bem para todos os seres.

Assim, a felicidade, que nunca esteve distante, que estava tão pertinho que mal conseguíamos percebê-la, se torna visível, sensível e nos envolve com tanta doçura que nem percebemos sua presença. Só iremos notar, se ela se afastar. Você pode conquistá-la e convencê-la a ficar?

Siga as orientações deste livro – leia, coloque em prática e depois aprecie sua vida enquanto a felicidade não vem.

Mãos em Prece,
MONJA COHEN, primavera de 2023

Introdução

*"Ando devagar porque já tive pressa
E levo esse sorriso
Porque já chorei demais
Cada um de nós compõe a sua história
Cada ser em si
Carrega o dom de ser capaz
E ser feliz"*

– Almir Sater e Renato Teixeira, "Tocando em Frente"

E m algum momento da vida vamos nos perguntar se a felicidade existe. E, se existe, como alcançá-la? Destino ou escolha? Conquista ou merecimento? Presente dos deuses ou um dos direitos da nossa existência humana e finita aqui na Terra? Há muito tempo essa tem sido uma reflexão recorrente que me sobrevém quase todo dia.

O drama humano, as indagações e toda a sua complexidade são a matéria-prima do meu trabalho, seja nos atendimentos como astrólogo ou no consultório como psicoterapeuta. Ouvir tantas narrativas entrelaçadas a expectativas, sonhos, desejos, frustrações, abismos, assombros, esperanças e fatalidades me abriu para uma certeza:

❊   ❊   ❊

A felicidade é o tesouro mais precioso que todo ser humano anseia encontrar, não importa onde ou como. Eu, você, todos nós queremos ser felizes.

❊   ❊   ❊

Por quantas pessoas passamos ao longo de um dia qualquer da nossa vida? Aquelas que passam por nós nos corredores do supermercado, os usuários do mesmo transporte público que utilizamos para ir ao trabalho, homens e mulheres com quem cruzamos nas calçadas e nos prédios, atendentes de comércios e alunos da mesma academia que frequentamos... É muita gente.

...ENQUANTO A FELICIDADE NÃO VEM...

❉ ❉ ❉

Quantos são aqueles que passam por nós, mas nos quais, na maior parte do tempo, sequer reparamos, tão desatentos ou absortos estamos em nossos pensamentos?

❉ ❉ ❉

Numa metrópole como São Paulo, esse número de estranhos que convivem sem se notar é tão grande que parece infinito. Somos uma multidão de eus. Mesmo assim, posso garantir que um desejo íntimo que se esconde em cada coração é comum a todos nós: ser feliz.

Seguimos, então, numa espécie de mistura de esperança e medo. Por um lado, a esperança de ser feliz e, por outro, o medo de que talvez nunca sejamos. Mas o que é felicidade? O que ela significa para cada um de nós? Todos seremos felizes um dia? De onde vem essa felicidade? Muitas perguntas e poucas respostas. Mas os mais sábios dizem que as perguntas são mais importantes do que as respostas...

E entre a rotina de trabalho, as distrações, as válvulas de escape, os passatempos e compromissos, vamos vivendo, muitas vezes num vazio existencial, num estado de insatisfação em

�֎ �֎ ✷

Transformamos a ideia de felicidade num objetivo difuso no horizonte e esperamos um dia alcançá-lo. Ou que ela se materialize diante de nós graças à nossa fé, um deus salvador, um milagre ou um passe de mágica.

✷ ✷ ✷

que não sabemos exatamente o que nos falta. Mas queremos ser felizes. Disso temos certeza.

Como nas histórias de *As Mil e Uma Noites*, vagamos no deserto dos nossos anseios, buscando uma lâmpada maravilhosa de onde saia um gênio disposto a nos conceder três desejos. E sonhando com soluções mágicas, nos iludimos e perdemos de vista nosso objetivo.

Agora eu pergunto: se o gênio da lâmpada aparecesse para você neste exato momento, você saberia o que pedir? Saberia dizer exatamente o que lhe traria felicidade? Ou talvez você se desse conta de que a felicidade não está na realização de algo material ou objetivo. E que depois de satisfazer seus anseios e objetivos, surgiriam outras esperas, buscas e desejos, outras condições para você sentir a tal felicidade.

Pensar sobre a felicidade nos faz refletir a respeito do sentido da vida e o que fazemos com o tempo que nos é dado. Essa ampulheta nos lembra de forma inexorável que somos transitoriedade e livre-arbítrio, que somos os únicos responsáveis por acender a lanterna capaz de iluminar nosso próprio caminho. Do contrário, viveremos em meio a escuridão, sombras, ilusões e devaneios.

Sejam quais forem nossas escolhas, o tempo vai passar e um dia nos mostrará, como senhor de tudo o que é, se desperdiçamos nossa existência ou não.

Mas a gente vai levando a vida como pode e, de repente, lembra da tal felicidade, pensa um pouco nela e, depois, deixa para lá. Vamos sobrevivendo, sem fazer nenhum movimento, aguardando que ela caia das nuvens, direto no nosso colo. O tempo passa, nos enganamos aqui e ali, esperamos, esperamos… e nada de a felicidade chegar.

Será que não existe algo melhor a fazer enquanto a felicidade não vem?

...ENQUANTO A FELICIDADE NÃO VEM...

Mergulhei nessa reflexão e quero agora compartilhar cada momento dessa minha investigação pessoal com você. Mas, antes, preciso convidá-lo a se preparar para essa viagem. Portanto, feche o livro.

Calma. Sei que parece dissonante ou paradoxal a proposta para que feche um livro que acabou de abrir a fim de obter respostas, mas saiba que eu entendo que esteja ansioso para começar essa investigação, pois tenho as mesmas angústias que você. Estamos ambos na fila da felicidade. Acontece que toda reflexão demanda concentração. Preparação. Muito da vida se perde no afobamento. Como no conto dos três porquinhos, quem tem pressa constrói algo frágil e pouco resistente. Por isso, vamos iniciar com esta preparação: feche o livro por alguns minutos, respire fundo e reflita sobre por que este exemplar veio parar nas suas mãos ou chegou neste exato momento da sua vida.

Será que é porque você está se sentindo feliz agora ou, muito pelo contrário, porque ainda está em busca da felicidade, tentando entender seu significado? Volte-se para dentro de si e medite sobre essas questões antes de abrir a sua alma para o que virá nas próximas páginas.

Vamos lá, se permita um pequeno momento de conforto e paz. Respire e reflita. Eu aguardarei.

Capítulo 1

Felicidade, uma jornada possível!

"E vou escrever esta história para provar que sou sublime."

— Álvaro de Campos, *Poesia*

A pós essa breve reflexão, entenda que não é simples falar sobre a felicidade sem nos conectarmos com o que há de mais genuíno e profundo em nós.

De todos os caminhos que podemos desbravar nessa busca pela felicidade, o mais íntimo e, surpreendentemente, o mais desconhecido é o que existe dentro de nós: os recônditos sinuosos da nossa alma, cheios de medos e descaminhos, e todo o emaranhado de fatos e experiências que resultaram na pessoa que somos hoje.

Eu me pego às vezes pensando na angústia da Alice, da obra clássica de Lewis Carroll, que segue um coelho ansioso (e superatrasado) e acaba entrando num buraco, indo parar no País das Maravilhas.

Se deixarmos de lado por um instante todo o ambiente fabuloso da obra, podemos identificar na história uma característica muito humana: Alice foge da sua própria realidade, com medo de enfrentar seus problemas e angústias, mas, ao cair nesse mundo fantástico, a primeira pergunta que lhe fazem, formulada pela sábia lagarta, é: "Quem... É... Você?".

Pobre Alice, tentou fugir da própria existência e se confrontou consigo mesma num lugar mágico como aquele. E essa é uma valiosa lição dessa história criada por Lewis Carroll. É impossível fugirmos de nós mesmos. E é impossível fugirmos de certas perguntas.

Aproveito para perguntar: você é feliz?

Quando alguém nos pergunta se somos felizes, a primeira coisa que nos vem à cabeça é um resumo de toda a nossa vida. Fazemos uma verificação quase que automática, visceral até, do que já conquistamos, o que fizemos, pelo que passamos, quem amamos e, em seguida, damos uma olhada rápida no presente e na situação em que nos encontramos no momento.

...ENQUANTO A FELICIDADE NÃO VEM...

Fazemos um balanço que contabiliza e classifica as coisas boas e ruins, mas que é carregado de julgamentos, muitos deles infundados, frutos da nossa percepção equivocada ou herdados de valores familiares e ligados ao inconsciente coletivo. Acontece que, nessa autoanálise, somos muito duros com nossos próprios erros e desvios ou preferimos nos manter na superficialidade e só levar em conta as conquistas que o verbo TER possibilita.

Mas, em vez de se limitar a essa revisão dura ou superficial, acredito que o mais importante seja olhar para todos esses acontecimentos e observar o que você sente ao repassar todas essas memórias, sonhos, desejos, momentos com amigos, amores e familiares... principalmente aquilo que está além do TER.

❋   ❋   ❋

Perceba como é bom poder olhar para si mesmo e reconstruir o roteiro do filme que conta a sua história, sem se preocupar com mais nada, esquecendo-se dos rigores do dia a dia.

❋   ❋   ❋

❋ ❋ ❋

É preciso coragem para olhar o nosso mundo interior e nos depararmos com algumas dores e dúvidas que nunca olhamos antes na vida, pelo menos não com profundidade.

❋ ❋ ❋

Como disse Carl Gustav Jung, psiquiatra suíço responsável pela teoria da psicologia analítica, "Quem olha para fora, sonha. Quem olha para dentro, desperta"[1].

Mas, quando olhamos para dentro, mergulhamos como Alice num vazio que, por mais obscuro que possa parecer (como se a nossa alma fosse um poço abismal que temos medo de investigar), precisamos prosseguir e chegar ao fundo. Pois, no fundo desse poço, há sempre água. E água é vida, a água reflete. É o espelho da nossa alma.

Dedicar um tempo ao ato de se olhar é o primeiro passo para o autoconhecimento. Com ele, ganhamos ferramentas para definir melhor nossos próprios conceitos e valores e, quem sabe, até transformar algumas crenças, afirmações ou negações que já não fazem sentido na fase da vida em que estamos. Investir nesse questionamento ajudará, inclusive, a definir o que é felicidade para nós. Mesmo que outras pessoas digam que a nossa vida, as nossas escolhas ou as nossas atitudes não fazem sentido, vamos estar preparados para argumentar e saber que estamos seguindo o nosso coração rumo à felicidade.

Eu sei que se olhar é difícil. Encarar esse espelho tão cristalino pode revelar coisas demais. A pele que de longe é perfeita, de perto tem poros abertos, rugas, manchas. [...] Você descobre

---

1. Jung, Carl G. *Letters*, volume 1: 1906-1950. Nova York: Routledge – Taylor & Francis Group, 2015, p. 33.

um fio de cabelo branco, uma flacidez, uma marca diferente – tanto no corpo como na alma. Mas não seriam todas essas marcas... registros? Certezas de uma vivência que nos construiu e nos trouxe até o momento em que tomamos coragem de nos aproximar desse espelho e encarar a pergunta da lagarta: "Quem é você?". Mas sem cobranças, sem imediatismos, sem falsas expectativas. Apenas com a intenção de nos conhecer melhor e com mais sinceridade.

Medo. Angústia. Insegurança. Ansiedade. Essas são algumas coisas que podemos encontrar ao nos aproximarmos desse espelho interior. Ninguém é amigo desses sentimentos, mas eles vão conviver conosco e, em algum momento da nossa vida, vão mostrar suas garras, mais até do que podemos imaginar.

Estamos passando por uma época repleta de questionamentos. Milhares de pessoas estão cada vez mais buscando respostas para suas angústias, e os caminhos oferecidos são múltiplos, deixando muitos sem saber para onde ir, justamente em razão dessa grande diversidade.

Novas formas de terapias surgem a cada ano, muitas delas com abordagens diferenciadas, e teóricos de diversas linhas da Psicologia ganham mais importância. As listas de *best-sellers* têm cada vez mais livros de autoajuda e espiritualidade, muitos deles cheios de fórmulas prontas que, na prática, são de pouca valia. Consultórios de psicanálise recebem, a cada dia, mais novos pacientes; novas filosofias de vida nascem, antigas filosofias ressurgem, as religiões mais tradicionais tentam renovar seus discursos para não perder seguidores, assim como novos cultos crescem como nunca, ganhando adeptos e fiéis ao redor do mundo. Cursos de desenvolvimento pessoal e jornadas de busca interior são oferecidos a todo instante nas redes sociais e oportunidades para encontrar a fórmula da felicidade são vendidas de forma abundante e variada.

Às vezes, eu me sinto como num daqueles filmes clássicos, no qual o ingênuo personagem do interior recebe a oportunidade de ir para a cidade grande e, ao chegar lá, se vê em meio a um mundo efervescente, intenso e chamativo. Consegue visualizar essa imagem comigo? Um caipira no meio da Times Square de Nova York ou em meio aos cassinos de Las Vegas, com aqueles *outdoors* vibrantes, placas com luzes piscantes, setas em neon apontando diferentes formas de diversão. Como se cada placa, cada sinal, sugerisse um caminho para a felicidade, tentando nos atrair para uma solução imediatista.

Mas, assim como acontece com os personagens dos filmes, isso só nos deixa mais confusos, perdidos e desorientados. São tantas informações e possibilidades "milagrosas" de atender aos nossos desejos! E, por fim, nós nos sentimos sozinhos e descobrimos que o que precisamos não é de um lugar mágico. Não é uma porta que nos leve para fora. Porque nada do que buscamos está "lá fora". Então nos voltamos para dentro e encontramos grandeza no nosso mundo interior.

O fato é que o autoconhecimento nos faz perceber que o desafio da vida está em conseguirmos vivê-la com os recursos interiores que temos. Cada um de nós, com sua história de vida, pode encontrar maneiras diferentes de visitar os seus porões interiores e ouvir seu coração de forma intensa e verdadeira.

Mas, apesar da tarefa de nos conhecermos ser intransferível e a busca pela felicidade ser de foro íntimo, não estamos sozinhos. Até porque, como diria o professor Mario Sergio Cortella, não dá para ser feliz sozinho porque é impossível estar vivo sem compartilhar momentos com outras pessoas. Só é completamente sozinho quem está isolado numa ilha ou preso numa caverna. Podemos até sentir solidão e viver momentos em que parece que não é possível contar com ninguém. Contudo, observe que há pessoas ao seu redor e a vida em comunidade também tem muito a oferecer, principalmente quando já conseguimos olhar para dentro de nós mesmos. Afinal, depois que nos conhecemos melhor, temos um olhar mais atento ao outro e essa troca é uma das magias da vida. Perceba o quanto aprendemos durante um bate-papo com amigos, depois de ver um filme que nos ensinou algo novo, até ao ouvir uma música ou contemplar uma obra de arte.

Isso, logicamente, acontece com os livros também, como este aqui, que é um convite à reflexão e uma daquelas pequeninas peças que formarão o quadro de mensagens e recados que a vida lhe dá.

...ENQUANTO A FELICIDADE NÃO VEM...

❄   ❄   ❄

O mundo é rico e diverso em métodos, religiões, filosofias, mitos, símbolos e parábolas, os quais podem nos inspirar e nos ajudar a elaborar nossos desejos e pensamentos.

❄   ❄   ❄

No meu caso, senti um impulso muito cedo, já na adolescência, para estudar a astrologia e o tarô, como instrumentos de autoconhecimento. Quem faz um mapa astral ou uma leitura de tarô tem a expectativa de obter informações sobre si mesmo e de receber sugestões que levem o projeto da alma a acontecer e a se manifestar. A prática da astrologia e da leitura do tarô ainda me deu voz para ajudar centenas de pessoas a se conhecerem e a viverem melhor, e sinto felicidade cada vez que tenho a oportunidade de transmitir, nos veículos de comunicação, nas redes sociais, em *workshops* ou atendimentos individuais, o que aprendi. Também me sinto feliz quando percebo como a minha dedicação nessa profissão me abriu para outros trabalhos, sonhos e missões.

E lembre-se de algo muito importante: ser feliz não tem a ver com idade, posição social ou estado civil. Somos seres completamente únicos. Por isso gosto muito de uma frase de Carl Jung

ANDRÉ MANTOVANNI

(olha ele aqui, na nossa conversa de novo) que diz: "O sapato que serve num pé, aperta no outro, e não existe uma receita de vida válida para todo mundo"[2]. Ou seja, o que para uma pessoa pode significar felicidade para outra pode significar o contrário. Vou contar aqui uma pequena história que, em sua simplicidade, esclarece esse entendimento: Marieta era mãe de três meninas. Desde que engravidou da primeira, dizia para si mesma: "Eu vou dar às minhas filhas tudo o que eu não tive. Vamos passear, darei os presentes que elas merecem, elas serão felizes como eu nunca fui". Marieta sempre pedia aos pais para que fossem à praia, mas as dificuldades e os compromissos faziam com que priorizarem outras coisas e o tal passeio nunca aconteceu. Marieta jurou que sempre levaria as filhas à praia e, desde bem pequenas, isso era lei: ao menos uma vez ao ano, a família viajava para o litoral. Quando as meninas atingiram certa idade, entre 7 e 10 anos, período em que o ser humano passa a se entender como indivíduo e começa a ter escolhas próprias, Marieta percebeu que as filhas ficavam resmungonas nessas viagens, brigavam, não queriam comer, faziam birra. Então ela as colocou contra a parede, dizendo: "Vocês fazem ideia do quanto sua mãe se esforça para que a gente venha pra cá todo ano? Sabem que eu, na idade de vocês, nunca tive essa sorte?".

2. Jung, Carl G. *Modern Man in Search of a Soul*. 1. ed. Londres: Kegan Paul, Trench, Trubner & Co Ltda, 1933, p. 69.

E eis que as meninas, mais maduras em suas opiniões, revelaram: elas detestavam a praia. Uma preferia o sítio da avó, a outra gostava mais de ir ao shopping e a terceira preferia ficar brincando no quintal de casa. Marieta havia projetado a sua felicidade nas filhas, mas descobriu que não havia gerado cópias e, sim, indivíduos. Ricos em suas diferenças. Cada um com a sua ideia de felicidade.

E eu me pergunto: como pensar, escrever e publicar sobre a felicidade se já existem centenas de livros a respeito do tema? Cheguei à conclusão de que sempre vale a pena fazer um novo registro. Pois cada um deles vai contar UMA história de felicidade, e não algo definitivo sobre ela. Quem disse isso, aliás, foi o historiador americano Darrin McMahon, autor do livro *Felicidade: Uma História*[3].

Como acadêmico, Darrin fundamenta o livro em dados e pesquisa. Traz relatos que abrangem a primeira notícia que se tem sobre a felicidade na espécie humana. Mesmo com tamanha profundidade e seriedade na análise dos fatos, ele confessa que teve que se deparar com a própria vida, com seus sentimentos mais profundos, e se reencontrar com antigos conflitos e dores que havia abandonado. Entrou em pânico no meio do livro, mas só até se dar conta de que não tinha a obrigação de oferecer

---

3. McMahon, Darrin. *Felicidade: Uma História*. São Paulo: Editora Globo, 2007, pp. 11-6.

ANDRÉ MANTOVANNI

todas as respostas. Seria impossível. Um pouco de incômodo foi necessário para ele seguir com seu trabalho, e tenha a certeza de que passei pelo mesmo trajeto tortuoso ao escrever esta obra. Desejo, inclusive, que você, leitor, também sinta esse pequeno desconforto muito útil. Até porque, sem ele, não aprendemos, nem vamos além; ficamos presos aos mesmos conceitos.

E faremos isso de forma leve. Quero fazer o papel de um amigo que compartilha e, para isso, vou trazer referências que encontrei pela vida, nas ilusões que criei, nas frustrações que enfrentei, nas verdades que descobri, nos filósofos com os quais me identifico, nos grandes escritores que sigo lendo até hoje, nos pensadores que acompanho e nos mestres espirituais que dedicaram a vida à compreensão mais profunda da consciência e da evolução humana.

Para mim, entrar nessa dimensão espiritual da vida, enxergar o que está além do que podemos tocar é mistério e fascínio, bênção e libertação, e seja por qual caminho for, sigo como buscador de algo que seja a redenção e a possibilidade de clarear sombras e trechos escuros.

A vida que tive até agora foi permeada pela busca do real significado da felicidade, e usei algumas ferramentas que encontrei para construir os meus conceitos, desenhar meus sonhos, entender meus propósitos. Nesses anos dedicados ao estudo da astrologia, além de buscar respostas para a vida e para as razões da nossa existência, consegui ajudar pessoas que precisavam de um guia ou de uma luz para encontrar uma nova direção, uma forma diferente de pensar. O trabalho no rádio e na televisão me levou a conhecer ainda mais gente e essa vontade de trocar experiências para vivermos melhor me levou a estudar também a psicologia e o comportamento humano.

Paralelamente a isso, eu mesmo passei por longos desertos pessoais, cheios de questionamentos e inquietações, que me visitaram enquanto eu vivenciava minhas "noites escuras da alma", aquela aridez que surge em nosso ser quando nada deste mundo parece mais ter significado, mas que vem nos ensinar que essa sensação de ausência de nós mesmos, ainda que temporária, é o que nos leva a continuar e seguir em frente, rumo a novos patamares de consciência.

Com muito custo, transformei escuridão em luminosidade, dor em sabedoria; aceitei com resiliência e resignação o que não podia ser mudado, mudei o que estava ao meu alcance e me dediquei a compreender não os "porquês", mas o que era necessário aprender com cada conflito, com cada desafio, nos momentos mais difíceis que vivenciei.

Foram períodos de solidão, como a lagarta em seu casulo, no processo doloroso de se transformar em borboleta. Respeitei o tempo e renasci mais forte do que nunca, ciente de que outros desertos iriam se impor em momentos distintos no futuro, com outros desafios, já que a vida é impermanente, mas na certeza de que asas gigantes surgiriam e eu aprenderia novos voos.

E é essa felicidade real que me interessa: a felicidade de ser alguém mais consciente de si mesmo e do mundo ao redor.

A felicidade vista de uma perspectiva da alma, com esse olhar mais profundo que brota da sabedoria e nos revela a vida com todas as suas nuances e possibilidades, quando estamos com os pés mais no chão e sem tantas ilusões. Apesar das vicissitudes, tropeços e dificuldades que a vida nos apresenta, ela tem suas belezas e pode nos surpreender positivamente, com uma alegria genuína, profunda, que pode colorir toda a nossa existência, enchendo-a de entusiasmo e confiança.

Eu sei que o conceito de felicidade é muito individual e também não tenho a pretensão de decretar verdades absolutas. Não existe certo ou errado quando se trata das coisas da alma, somente caminhos, possibilidades e sutis indicações de nossa intuição, já que somos seres livres e desejantes. Contudo, quanto mais observo e percebo do mundo, mais convicto fico de que ser feliz exige de nós uma boa dose de alegria interior, coragem, propósito, paz, generosidade e amor.

Para ser feliz de verdade é preciso encontrar um sentido maior em nossa vida, que seja condizente com a nossa alma. Um sentido íntimo, individual e único, mesmo que fuja de padrões e regras preestabelecidas pelos outros ou pela sociedade.

Por outro lado, também não tenho o menor interesse em romantizar a felicidade, já que todos temos consciência da montanha-russa da vida, dos ciclos que se iniciam e se encerram, das asperezas do mundo, da ignorância humana, e de que em todos nós existe a maldade, a vilania, a inveja, o ódio e a escuridão. E algumas vezes teremos de lidar com tempestades emocionais, dores de todos os tipos, frustrações, desenganos, desilusões, perdas, doenças, sofrimentos e a morte. Mas também é absolutamente necessário ver o lado bom da vida e reconhecê-lo diariamente para que a dureza da realidade não esmague nossas esperanças. Porque, apesar de tudo isso, ainda existe a beleza, o amor, a alegria e todas as coisas boas que a vida nos concede.

Capítulo 2

Uma vida de propósitos reais

"A cada dia que vivo, mais me convenço de que o desperdício da vida está no amor que não damos, nas forças que não usamos, na prudência egoísta que nada arrisca, e que, esquivando-se do sofrimento, perdemos também a felicidade."

– Carlos Drummond de Andrade, *Viver Não Dói*

Antes de avançarmos nas reflexões sobre a felicidade, um aviso importante!

A minha intenção quando escrevo não é oferecer a você, leitor, receitas práticas de como ser feliz ou conselhos mágicos de transformação, porque não os tenho para dar.

O meu propósito aqui é refletir com sinceridade sobre as coisas que nos tornam iguais: fragilidades e indagações do cotidiano. Mas, ao mesmo tempo, encontrar beleza e profundidade para fazer a vida valer a pena, para que nossos esforços não fiquem ao relento e nossos sonhos sejam alcançáveis.

Então, se você busca a receita, o passo a passo ou qualquer uma daquelas fórmulas que encontramos em vídeos do tipo "5 passos para ser feliz", sinto muito, mas não é o coelho ansioso do País das Maravilhas que você está seguindo aqui.

Não vou apresentar neste livro nenhuma fórmula mágica, porque muitos tentaram vendê-la para mim e me senti completamente frustrado, confirmando o fato de que seguir receitas prontas não traz milagres. Até um prato ensinado num programa de TV por um experiente *chef* de cozinha pode precisar de adaptação quando for feito por você, que vai decidir se quer mais pimenta ou menos sal ou se poderia adicionar algum tipo de queijo ou optar por um molho diferente. É como aquela receita que a nossa avó fez a vida toda e, quando nossas tias, nossa mãe e depois nós mesmos tentamos reproduzir do caderninho dela, nunca sai igual. Os passos estão lá. Mas cada um terá que descobrir o seu jeito de "acertar o ponto".

Mas se houvesse a possibilidade de oferecer uma receita, eu começaria pensando sobre o que fazemos com o nosso tempo, partindo do princípio que...

...ENQUANTO A FELICIDADE NÃO VEM...

❄   ❄   ❄

[...] a felicidade não é uma coisa estática nem permanente, é algo que buscamos, e essa luta deve ser diária, preenchendo as horas dos nossos dias, mas com qualidade. Quero ter os melhores dias possíveis. Sei que eles não serão perfeitos, mas serão o resumo do melhor que eu pude fazer por mim mesmo e pelos outros naquelas vinte e quatro horas que compõem os nossos dias terrestres.

❄   ❄   ❄

Claro, temos momentos felizes e precisamos estar de coração aberto para aproveitá-los, mas não será sempre assim. Quando aprendemos a apreciar essa mistura de sensações ao longo do dia, o resultado é um estado de contentamento com o que foi realizado, com tudo o que ocorreu, mesmo que não tenhamos feito tudo ou que algo tenha dado errado. Podemos e devemos ter essa atitude no dia a dia e simplesmente fazer o melhor que pudermos, com plena convicção de que esse é o caminho a ser seguido.

Um desempregado que está procurando trabalho sabe que precisa mandar currículos, fazer contatos, buscar cursos, pensar em soluções para conquistar uma nova oportunidade. Se as tentativas forem frustradas, não adianta gastar energia se culpando. Melhor usar o tempo livre para refletir sobre novos caminhos e possibilidades, checar o que pode ser melhorado nesse processo, quem poderia lhe ajudar. Em algum momento, as respostas virão e dias mais felizes e tranquilos poderão ser vividos.

Para viver em paz com a ideia de felicidade, é preciso entender que alguns desertos vão surgir ao longo da nossa vida. Vai faltar água, vamos sentir fome e teremos medo de nunca encontrar um oásis, mas a vida é movimento e nada dura para sempre. Nós agimos e o destino se encarrega do resto.

Neste ponto, não quero dizer que você precisa agir desesperadamente e que só será feliz se correr atrás de tudo o tempo todo ou passar dia e noite numa missão impossível. A própria física nos mostra que basta um pequeno toque numa fileira de dominós para que todas as peças mudem de posição. Basta dar um passo, que pode ser proporcional ao tamanho das suas pernas. O passo que é possível. Quantas vezes um telefonema que resolvi fazer, um e-mail que escrevi, um passeio que fiz pelo quarteirão não me revelaram grandes respostas?

Claro que agir é necessário, pois ação é vida. E vida é movimento contínuo, pois nada está estagnado no universo. Por mais que não pareça assim em muitos momentos da nossa efêmera existência, essa estagnação não corresponde à realidade última

❄ ❄ ❄

Desde a aurora dos tempos, desde que "o mundo é mundo", o ser humano entendeu a felicidade como uma recompensa divina, como a gratificação concedida pelos deuses depois de muito sacrifício.

❄ ❄ ❄

da vida. Contudo, é preciso respeitar o tempo das coisas e encontrar esse tempo dentro de nós. Respirar, se concentrar e ter esperança, mesmo no desconforto. Acho positivo pensarmos que temos nosso papel nesse destino, mesmo que ele esteja escrito nas estrelas.

Ao longo da história e no decorrer do desenvolvimento da humanidade, percebemos que, em diferentes épocas e contextos civilizatórios, existia uma escravidão institucionalizada, vivia-se muita miséria. Salvo alguns poucos governantes, proprietários de terras, aristocratas e tiranos, as pessoas sofriam nas mãos de líderes violentos. Nos quatro cantos do mundo, sabemos que hoje pouca coisa mudou e que, de alguma maneira, muito disso ainda existe e parece que só vai mudar se acontecer um milagre. Mas essas são situações extremas. Mesmo na nossa vida cotidiana, no mundo atual, há muitas coisas que não dependem de nós. Por mais que a gente se esforce e busque a mudança, ainda assim dependeremos de coisas maiores do que nós.

É importante saber que não temos como controlar tudo, mas podemos fazer a parte que nos cabe. Ao navegar, você define a direção do barco, com a consciência de que o mar pode estar revolto e atrasar a viagem ou que o mau tempo pode obrigá-lo a se desviar da sua rota. O que vale a pena aqui é saber que o barco está sob seu comando, mas você não controla a natureza.

É saber que "você vai colher o que plantou", mas no bom sentido. Essa frase costuma ser usada com uma conotação negativa, até como se fosse uma praga. Mas essa é uma lógica bonita quando a consideramos num sentido positivo, porque nos encoraja a dar um passo de cada vez e a plantar uma sementinha por dia. Claro, nem toda semente brota, mas, se tivermos cuidado com o nosso terreno, deixando-o fértil e investindo tempo e energia nele, alguma coisa boa vai sair dali. Acreditar que tudo o que fazemos de bom grado e com boas intenções pode nos levar a um bom resultado é a notícia mais animadora que podemos receber, concorda?

Essa filosofia nos foi transmitida por Chico Xavier, grande escritor e médium brasileiro ligado ao espiritismo, que fala muito sobre usar a vida como uma forma de aprendizado para a evolução.

No livro *Respostas da Vida*[4], cuja autoria Chico divide com o espírito de André Luiz, ele diz que "A felicidade não é um tapete mágico. Ela nasce dos bens que você espalha, não daqueles que se acumulam inutilmente. Tanto é verdade que a alegria é a única doação que você pode fazer sem possuir nenhuma".

Como muitos sabem, Chico Xavier morreu na pobreza, depois de abdicar de qualquer luxo ou riqueza para dedicar a vida a ser alguém que fizesse diferença no mundo, um ser de grande iluminação espiritual. Ele se sentia pleno e feliz ajudando as pessoas em desespero, estendendo a mão para aqueles que não

---

4. Xavier, Chico (pelo espírito de André Luiz). *Respostas da Vida*. São Paulo: Editora Federação Espírita Brasileira, 2021, p. 9.

tinham amparo em tempos de aflição. Ele descobriu o que o motivava, o seu real propósito e transformou a vida de milhares de pessoas ao redor do mundo.

Nos tempos modernos, a palavra "propósito" passou a ter a conotação de "missão de vida". Se por um lado, alguns gurus se apropriaram dela, bradando aos quatro cantos teorias mirabolantes, outros mestres, mais conscientes, a entenderam como uma chave importante para a felicidade. Não consideram o propósito como uma obrigação, mas como um processo profundo e revelador, que nos leva a descobrir o porquê de estarmos vivos e o que devemos fazer com a nossa vida, possibilitando dias e noites plenos de significado e, claro, de felicidade.

Gosto de fazer essa diferenciação porque essa pressão por descobrir um propósito pode nos levar a um outro caminho, o de achar que não somos bons o bastante em nada ou que é preciso ter um dom espetacular, como o de Chico Xavier, para ter um propósito e mudar o destino da humanidade. Mas sabemos que não é bem assim.

Cada um tem a sua história, cada um tem a sua missão. Para alguns, a missão será grandiosa como a de Chico Xavier, Martin Luther King e tantos líderes que conhecemos por seus inspiradores legados. Outros terão um propósito mais modesto, com seus talentos e dons únicos usados para fazer diferença na vida de poucas pessoas. Podemos ainda encontrar um pequeno propósito por dia, que na realidade são mais motivações do que propósitos, em seu sentido amplo, como finalidade última ou objetivo de vida. Podemos ter uma motivação para acordar amanhã, outra para trabalhar até a semana que vem e mais alguma para esperar alguns meses até que uma situação ruim se resolva. Se você nunca pensou sobre isso, sua motivação primária pode ser pagar um boleto que está para vencer. Mas, depois de pagar o boleto, com a mente mais tranquila, por que não sonhar mais? "Pequenos propósitos" também podem melhorar a vida de uma comunidade, dos nossos vizinhos, dos nossos familiares ou de amigos, por exemplo. Vale lembrar que fazemos parte de um todo. E cada uma dessas ações reverbera em nossa vida e causa transformações, ainda que imperceptíveis a princípio.

E não importa se a sua motivação parecer estranha ou diferente. Tem gente que ama passar horas restaurando relíquias com detalhes mínimos ou montando um relógio antigo. Outros podem querer atravessar o país, ou até o mundo, para fazer um trabalho voluntário que vai salvar vidas, ou levar amor às pessoas que não têm com quem contar e não sabem que caminho seguir.

Buscar um motivo para estar vivo é uma das coisas mais importantes e fortes que existem no ser humano. Eu mesmo tive a chance de entender a importância de manter em dia os nossos sonhos, desejos e metas ao conhecer Inácio, o amigo a quem eu dedico este livro e com o qual convivi intensamente por poucos meses.

Fomos apresentados logo após ele ter recebido o diagnóstico de um câncer que já tinha pouca chance de cura. Buscando uma motivação para seguir o tratamento possível e viver a vida que lhe restava da forma mais confortável possível, ele decidiu escrever um livro de memórias. Não tenho dúvida hoje de que a sua dedicação ao narrar a própria vida, colocar seus pensamentos e sentimentos no papel e dividi-los com as pessoas que ele amou o fez viver mais e melhor. Não foi simples, no meio desse processo ele chegou a acreditar que uma cura milagrosa seria possível, depois teve de entender que o fim era inevitável, mas o propósito de escrever o livro lhe deu tanta força que Inácio só partiu depois de ver sua obra terminada e publicada. Escrever, publicar e ver seu desejo realizado foi sua felicidade, o propósito que o manteve firme para enfrentar um tratamento agressivo e doloroso.

Aprendi com ele sobre a inconstância e a fragilidade da vida, que sonhos não podem ser adiados, que o tempo, apesar de eterno, é breve na nossa experiência terrena, que o que realmente conta não é o que juntamos ou acumulamos, e que o único caminho capaz de nos dar alguma iluminação é o autoconhecimento e a coragem de enfrentar a nós mesmos.

Inácio fez o melhor que pôde com o que a vida lhe reservou naquele momento tão difícil: se ressignificou, descobriu novas cores para a própria existência e, resiliente, lutou por si mesmo como um verdadeiro herói.

Não acho que seja necessário passar por uma grave doença ou uma tragédia para entender isso, precisamos ter dedicação para ampliar a nossa consciência e entender que a vida, quando colocada em movimento, pode ser como aquela pedrinha que você joga no rio e, aos poucos, vai provocando ondulações cada vez maiores. Isso me faz lembrar de uma reflexão feita por Bruce Lee, ator e lutador de artes marciais.

Numa de suas entrevistas mais famosas, concedida ao jornalista canadense Pierre Berton, Lee citou o filósofo chinês Confúcio. Ele disse que é preciso ser como a água, que se adapta a tudo. "Se você colocar a água num copo, ela se molda a ele. Se colocá-la numa garrafa, também. A água pode fluir, pode colidir. Seja como a água, meu amigo"[5].

É isso, definimos a rota do nosso barco, nos preparamos para enfrentar os obstáculos e seguimos em frente.

❋   ❋   ❋

Afinal, não é melhor buscar a recompensa por nós mesmos do que esperar que algum deus no infinito nos conceda essa graça?

❋   ❋   ❋

---

5. Entrevista concedida por Bruce Lee ao *The Pierre Berton Show*, em 1971. Disponível em: https://www.youtube.com/watch?v=VEGTk1qGnRg. Acesso em: 5 fev. 2023.

Sempre confundimos felicidade verdadeira com prazeres e desejos saciados. Salomão, um dos personagens mais emblemáticos da Bíblia é descrito como o rei mais rico e sábio do seu tempo. No livro de Eclesiastes, Salomão, velho e introspectivo, conclui que tudo é ilusão e, a partir disso, discorre sobre a sua experiência de vida, em que procurou a tal felicidade no sexo, na comida e na bebida, nos grandes projetos, nas conquistas e nos bens materiais. Após intensa jornada, Salomão acabou frustrado, amargurado e sentindo-se um imbecil. Amaldiçoou todos os seus excessos e riquezas, constatando que tudo aquilo não passava de vaidade e jamais o levaria à felicidade.

Quantas e quantas vezes você não viu essa história sendo recontada em filmes, livros, músicas e na história de vida de pessoas próximas? Será que nada mudou? Ou já avançamos alguns passos, reformulando nosso conceito do que seja a felicidade?

Fico imaginando o rei Salomão vivendo nos anos 2000. Será que ele ficaria chocado em saber que continuamos insistindo em colocar a nossa felicidade mais no TER do que no SER, mesmo depois de esse equívoco já ter sido anunciado aos quatro ventos ao longo da História?

Se Salomão estivesse numa das nossas grandes metrópoles, imagino que ele poderia cometer o equívoco de achar que tudo está mais simples e prático e que o homem alcançou avanços absurdos na ciência e na tecnologia, que estão à disposição para nos servir. A inteligência artificial já dá os primeiros indícios de

...ENQUANTO A FELICIDADE NÃO VEM...

que, num futuro próximo, poderá fazer grande parte do trabalho braçal e intelectual. E hoje podemos nos comunicar com pessoas que estão praticamente em qualquer lugar do mundo. Mas, olhando mais de perto, será que nossa alma não está mais desconectada num ambiente tão conectado?

Salomão, se ficasse mais tempo por aqui, se daria conta de que os nossos prazeres e desejos mais imediatos continuam os mesmos, só mudaram de nome. Agora, vivemos numa sociedade capitalista e extremista, que exige velocidade, perfeição, habilidade para multitarefas, muitos e muitos *likes* nas redes sociais e seguidores, milhares deles, de preferência. Se você não publicar nada hoje, pode ficar esquecido na internet. E se você não está no mundo virtual, parece que não está em lugar nenhum. Se antes era importante para o nosso bem-estar ter uma casa e um carro, agora precisamos também mostrá-los nas redes sociais para conseguir mais cartaz com os amigos e admiradores desconhecidos. Isso quando não somos pegos, ainda, por algumas ciladas, como a de que o nosso SER só tem valor se formos eficientes e bem-sucedidos em nossa profissão. Isso faz com que acabemos sendo engolidos por horas de trabalho, longe da família e dos amigos, e deixando de viver momentos que dariam sentido à vida, que nos trariam contentamento, plenitude, enfim, felicidade.

Insisto em dizer que não devemos nos entregar tão facilmente ao pessimismo e achar que teremos um futuro dominado por robôs, que vão tomar o nosso lugar em tudo. Não, nós podemos é

51

desfrutar da tecnologia, das redes sociais, da internet para buscar mais significado na vida e no trabalho que nos sustenta ou que nos traz propósito. Na contramão dessas notícias assustadoras de que logo não haverá empregos para todos, há pensadores ressaltando quanto tempo livre o ser humano terá a mais para refletir sobre questões mais profundas, para nos abraçarmos e nos olharmos mais, enquanto os robôs trabalham para nós.

Mas isso é futuro. A felicidade a gente conquista um pouco antes disso e, para mudar esse jeito de pensar, vamos refletir a respeito do que os pensadores dizem sobre os perigos da modernidade, da tecnologia, a nossa relação com a natureza e o planeta. Ainda temos muito assunto pela frente. Percebe que há uma jornada e tanto, que podemos fazer juntos enquanto a felicidade não vem...?

Mas, para isso, precisamos urgentemente acreditar que a felicidade é possível, mas que será sempre um estado de espírito efêmero e passageiro, e que a alegria perene, que vem da alma, é uma dádiva.

Mirar o futuro sem esquecer de vivenciar plenamente o presente é a maior sabedoria que podemos cultivar no coração.

Capítulo 3

Transgredir para ser feliz!

"(...) isso de realidade é bobagem: cada um inventa a sua, o avesso pode ser o certo, no espelho pode estar a vida, e tudo aqui fora ser um sonho."

– **Lya Luft,** O Tigre na Sombra

Se usufrui de toda a tecnologia disponível em nosso dia a dia, talvez você até esteja lendo este livro num *tablet* ou no seu celular, enquanto ouve uma música e pede comida sem sair do sofá...

Não podemos negar, estamos cercados de tecnologia e dependentes dela. Por isso, pensei em lançar mão dela para brincar um pouco com o significado da palavra "felicidade". Pedi ajuda a um robô virtual de inteligência artificial.

Perguntei a ele o que é felicidade, como um teste para entender a que ponto um *software* programado pode descrever algo tão sutil e bonito, que guia a nossa vida. O robô parece incrivelmente inteligente e sensível ao elaborar um parágrafo em que tenta abordar muito do que já foi dito sobre esse tema. Eis a resposta do ChatGPT:

A felicidade é uma emoção complexa e multifacetada, muitas vezes definida como um sentimento de contentamento, satisfação e alegria. É subjetiva e pode significar coisas diferentes para pessoas diferentes, mas geralmente é considerada uma emoção positiva associada ao bem-estar físico e mental. A felicidade pode ser experimentada em resposta a eventos e circunstâncias externas, mas também está frequentemente relacionada ao estado de espírito de uma pessoa, seus relacionamentos e seu senso de propósito na vida. A busca pela felicidade é um objetivo comum para muitas pessoas e pode incluir o envolvimento em atividades, hobbies e relacionamentos que trazem uma sensação de realização e alegria.[6]

---

6. Consulta ao ChatGPT. Disponível em: https://chatgpt.com.br/. Acesso em: 13 fev. 2023.

Concordo com o *software*! Será que isso significa que os robôs virtuais já pensam como um ser humano extremamente eloquente? Não. Pois, para nos responder, o robô se baseou no conhecimento humano. É como se ele tivesse lido todos os livros sobre a felicidade e os sintetizasse em poucas palavras. E esse é um detalhe importante. Se processar um entendimento fosse tão simples quanto reunir conceitos e informações e elaborar um resumo, não haveria terapia neste mundo, muito menos traumas.

Só que não é tão simples experimentar verdadeiramente todos esses fatores que o ChatGPT elencou em sua resposta. Como seria sentir real contentamento, bem-estar físico e mental na maior parte da vida e ter na ponta da língua um propósito de vida? Não é nenhuma surpresa que temos problemas simples numa vida que é complexa. Por outro lado, esse robô pode ter respostas rápidas para tudo, pois essa é sua função. O que ele nunca terá é uma vantagem exclusiva do ser humano: a capacidade de escutar a alma.

Paro para pensar na palavra "artificial". Esse termo é muito importante para entendermos com o que estamos lidando aqui. A definição de felicidade do robô é prática, imediata, dinâmica, simplificada, mas não é real. Não é natural. É só uma compilação de informações soltas reunidas numa frase. E não é culpa do chat. Ele não tem uma alma para refletir. O poço dele não tem água no fundo. É vazio. É *fake*. É artificial.

E, para buscar a resposta para a felicidade, é preciso que olhemos a nossa própria alma. Isso é o que nos tira do artificial e nos leva ao real.

Além de cuidarmos do nosso corpo, nos alimentando bem e praticando exercícios, também precisamos olhar para a nossa alma. Ela precisa ser ouvida e, quando conseguimos atender às necessidades dela, conseguimos nutri-la e ajudá-la a se manter firme e forte para as jornadas que vamos vivenciar.

A alma pode ter outros nomes, dependendo da religião, do mestre ou do pensador, mas no meu entender ela é aquela parte bonita e infinita na qual cabem os afetos sinceros, os valores mais raros, os sonhos e propósitos, as relações verdadeiras, as reflexões mais profundas e tudo que dá sentido à nossa história pessoal, fazendo com que valha a pena vivê-la. É na nossa alma que encontraremos as respostas para todos os questionamentos que já fizemos juntos desde as primeiras páginas deste livro.

A nossa alma é o lugar mais sincero, verdadeiro e profundo do nosso ser. Pode ter um grupo inteiro de pessoas achando que devem seguir para a direita, mas, se a nossa alma sente que

...ENQUANTO A FELICIDADE NÃO VEM...

o caminho não é esse, é como se um chamado do Universo, algo mágico mesmo, nos alertasse de que a melhor resposta está dentro de nós. Mesmo sem saber justificar o porquê da nossa decisão, tomamos o rumo que a alma soprou em nossos ouvidos, dando-nos um palpite de que aquele é o correto ou o melhor naquele momento. Independentemente do que encontraremos no fim da caminhada, a cada passo nessa direção escolhida, teremos mais certeza de que fizemos o que o nosso coração pediu.

A danada da intuição que o robô não tem. Aquele calor que sentimos na nuca quando algo parece ser uma má ideia. O sentimento de empolgação que toma conta de nós quando estamos no caminho que devíamos estar naquele momento. A satisfação de algo que só tem aquela intensidade única para nós mesmos.

Não importa o resultado dessa decisão quando somos fiéis à nossa essência, ao que desejamos experimentar e que precisamos viver para sermos pessoas melhores. Aprendemos com erros e acertos, ou melhor, com experiências, sejam elas consideradas positivas ou negativas na visão da maioria das pessoas. Vivemos muitos momentos nos quais entendemos que uma situação é ruim ou vai nos prejudicar, mas, de repente, isso muda de uma hora para outra. Como um simples congestionamento que nos impede de chegar ao nosso destino, mas que depois se revelou uma bênção, pois evitou que passássemos por algo desagradável ou perigoso. Pode ser um voo ou uma prova perdida, um ônibus que demorou a passar, porém, mais tarde, vemos que aquilo ocorreu por algum motivo oculto, que não compreendemos logo de cara, mas nos protegeu de alguma coisa.

E essa intuição pode nos guiar em coisas simples, em pequenas escolhas que vão trazer uma paz que somente nós vamos sentir e é só nossa; um breve momento de equilíbrio no nosso dia. Pode haver alguns fatos que realmente complicam a nossa vida, claro. Outros que precisamos de anos para constatar que foram importantes para o nosso crescimento ou que nos proporcionaram mais tempo para executar alguma tarefa com mais calma e maturidade. Mesmo que a gente tente enganar os nossos sentidos, no fundo, a nossa alma sabe o momento certo das coisas.

Para conseguir ir um pouco além nessa reflexão que compartilho aqui, querido leitor, ajudará muito se pensarmos juntos nos conceitos de certo e errado em contraponto ao bom e ruim. Por exemplo, partiremos primeiro do ponto de vista de que o mundo é cheio de regras e que elas foram feitas para podermos viver bem em sociedade. Elas parecem importantes, e de fato são, na maioria das vezes. Não é por isso, no entanto, que não devemos questioná-las quando apropriado. A princípio, para verificar se elas continuam beneficiando a comunidade ou a sociedade, mas depois para entender se elas funcionam para nós, particularmente.

Regras vêm de todos os lados, da legislação de uma cidade, de um estado, de um país, das religiões, de tradições culturais. Você pode viver as regras morais de um país e se sentir cobrado por não viver segundo as regras da sua família, dos seus amigos ou das suas crenças religiosas. Levamos tudo isso em conta para fazer ponderações, tomar decisões, dar opiniões ou conselhos. Mas será que todas as regras consideradas corretas são boas para todos os envolvidos? Elas nos levam de fato a ter uma convivência melhor em sociedade?

Com responsabilidade, podemos pensar que, talvez, algo que pareça transgressor de um certo ponto de vista pode ser benéfico para alguém ou para outro grupo? Para algumas pessoas, esse pode ser um pensamento assustador num primeiro momento, mas é questão de perceber o quanto nossa alma é gigante. É gigante porque carrega mais verdades do que todas essas regras e definições das quais falamos até agora.

Até pouco tempo, toda a sociedade dizia que o divórcio era algo ruim e negativo. Porém, hoje entendemos que obrigar duas pessoas a viverem juntas pelo resto da vida, mesmo que o tempo tenha revelado que elas não têm cumplicidade nenhuma, é muito mais nocivo do que o divórcio. Seria imoral entender que é preciso quebrar um contrato? O que pesaria mais? Ser julgado por um grupo de pessoas ou buscar a felicidade tomando o rumo que a sua alma aspira? Pedir demissão de um emprego rentável, mas que suga sua energia e acaba com sua saúde física e mental, pode significar libertação para alguns e fraqueza para outros. Cabe a nós observarmos essas decisões com outros olhos. Refletir sobre como agiríamos se estivéssemos no lugar dessas pessoas. Pensar se já houve momentos em que nos sentimos culpados por nos opormos a uma opinião que parecia unânime num grupo, mas que não fazia sentido algum para nós no momento. Será que você teria feito algo diferente se já soubesse ouvir o que tem de maior dentro de si mesmo?

❄   ❄   ❄

Sejamos todos heróis do nosso destino, confiando mais e desistindo menos de nós mesmos, sempre atentos e sensíveis ao que deseja a nossa alma.

❄   ❄   ❄

Um amigo certa vez me ligou para contar que ia fazer trilha no litoral. Eu me assustei. Logo ele? Uma pessoa que sempre teve aversão a aventuras na natureza, que sempre preferiu viajar para metrópoles e hotéis confortáveis? Perguntei de onde tinha vindo aquela ideia e ele me disse: "O pessoal insistiu, disse que eu tenho que parar de ser chato, fazer coisas diferentes e que preciso curtir aventuras também, afinal todo mundo curte!".

Três dias depois, ele me liga, muito irritado, desapontado e de mau humor. Contou-me que estava com o rosto queimado de sol, os pés cheios de bolhas e picadas de mosquito por todo o corpo. E, segundo ele, quando chegaram ao tal paraíso que ficava no fim da trilha, ele foi queimado por uma água-viva assim que entrou no mar. Conversei com outros dois amigos que embarcaram nessa mesma aventura. Eles amaram cada momento. O paraíso de um pode ser o inferno de outro. Afinal, como sabiamente dizia a nossa mãe, "Você não é todo mundo". O problema dessa aventura do meu amigo foi que ele não fez por ele. Fez para agradar os outros. Não ouviu sua alma. Ela estava gritando: "Isso não é pra mim!".

Nossos propósitos, talentos e sonhos, que nos levariam a dias felizes, também estão guardados na nossa alma, talvez empoeirados e esquecidos, mas basta uma faxina para encontrá-los ou reencontrá-los. Nossa alma guarda o nosso desejo de SER feliz porque se comunica com nosso coração, aquela voz que tudo sabe e tudo sente a respeito de nós e dá sentido à nossa vida. Contudo, para ouvirmos a alma plenamente e nos permitirmos ser conduzidos por essa verdade interior, precisamos de conexão e atenção contínuas.

O fato é que estamos cada vez mais distantes de nós mesmos, desconectados da nossa essência, ocupados em preencher o tempo e o nosso vazio interior com banalidades e superficialismos. Em nossa sociedade, somos convidados, ensinados e até condicionados a olhar para fora. Percebemos melhor como são os outros, o que eles esperam de nós, o que devemos fazer para agradar os amigos, nossa comunidade, o chefe, o companheiro ou familiares, mas são poucas as vezes em que realmente olhamos para dentro de nós. Nos preocupamos mais com o

❄ ❄ ❄

A morte é um fim e uma realidade certa para todos os seres, mas muitos de nós ainda a tememos. Seria porque temos medo de partir sem finalizar toda essa lista de sucessos pendentes que a sociedade nos impõe?

❄ ❄ ❄

que temos, com o que estamos acumulando. Se conseguiremos comprar um carro.

Mas será mesmo preciso um carro? Depois de um tempo, esse veículo vai começar a parecer pequeno em comparação com o que os outros têm e vamos começar a trabalhar mais para poder comprar um carro maior. À certa altura, entendemos que é preciso correr para adquiri-lo, envelhecer e morrer com um espólio suficiente para manter filhos e netos bem providos. Essa é a nossa versão do vencer na vida, do "final feliz". Mas eu me pergunto: que final?

Bronnie Ware, uma enfermeira australiana que cuidou de muitos pacientes à beira da morte, passou a registrar os testemunhos de quem estava prestes a morrer. Ela conseguiu elencar os "Os Cinco Maiores Arrependimentos à Beira da Morte"[7] e todos eles são baseados em algo que as pessoas gostariam de ter sido ou feito ao longo da vida.

Ao ler sobre esses arrependimentos, eu me surpreendi positivamente, pois encontrei os valores que norteiam meus dias e que são a essência deste livro. É como se eu tivesse conseguido a comprovação de que os meus pensamentos não estão fora da realidade, mas fazem sentido nessa busca incessante pelo real significado do que é ser feliz.

---

7. Ware, Bronnie. *Antes de Partir: Uma Vida Transformada pelo Convívio com Pessoas Diante da Morte*. São Paulo: Geração Editorial, 2017.

No livro de Bronnie Ware, não havia nenhum relato de alguém que tivesse se arrependido de TER tido ou conquistado algo material ao longo da vida. A maioria dos moribundos começava seu testemunho fazendo uma descrição perfeita de tudo aquilo que "eu" gostaria de transmitir sobre o significado da alma: "Eu gostaria de ter tido coragem de ser fiel a mim mesmo, em vez de ter vivido de acordo com o que os outros esperavam de mim". Essas pessoas gostariam de ter ouvido mais a própria alma, em vez de ter dado ouvidos às regras impostas por quem vivia ao seu redor e ter vivido de acordo com o que familiares e amigos acreditavam que fosse o melhor para elas.

❄   ❄   ❄

Nem sempre as pessoas nos cobram atitudes porque elas nos querem obedientes, mas porque acreditam que, se aquela foi a melhor solução para elas, também pode ser o melhor caminho para todas as outras pessoas. Nessa confusão de sentimentos, acabamos por aceitar o que vem de fora e o arrependimento pode ser a consequência.

❄   ❄   ❄

Mas não precisamos lamentar por essas pessoas que parecem só ter se dado conta disso à beira da morte. Se elas abriram o coração a uma pessoa desconhecida, ao saberem que seu tempo de vida era curto, isso significa que elas tiveram tempo de aprender, de entender, que esse seria o melhor caminho na vida delas. Pode até ser que tenham conseguido ouvir a alma nos últimos anos da vida, mas desejavam ter feito isso na juventude.

Não é triste imaginar que uma pessoa possa ter esse tipo de arrependimento? No entanto mais triste ainda é chegar ao fim da vida sem ter sido capaz de refletir com profundidade sobre o que foi ou significou a sua vida. Podemos pensar, ainda, que essas pessoas acertaram em muitas outras coisas e que foram felizes em certos aspectos da vida, apesar de terem percebido que poderiam ter feito mais por si mesmas. Mas quem não poderia ter feito mais, não é mesmo?

Claro que é ótimo ter uma vida confortável, aproveitar as boas coisas que o dinheiro pode proporcionar, ter recursos para bancar saúde, educação, lazer, moradia e bem-estar. Todos temos direito à prosperidade. Contudo, uma vida devotada somente a acumular bens e riquezas materiais, sem a preocupação com uma transformação interior que possa nos tornar uma pessoa melhor, é uma vida pobre e sem propósito. A gente quer e pode ter mais sentido na vida. Precisamos ir além do TER. A felicidade é algo muito maior que somente a euforia ligada ao acúmulo das coisas fugazes que nossa sociedade consumista e imediatista nos propõe.

Mas essa tendência está tão enraizada nas crenças que herdamos dos nossos pais e avós que precisamos fazer um trabalho constante de ressignificação para poder realmente encontrar algo maior em nosso interior. Nossos antepassados muitas vezes perdiam seus bens materiais e precisavam se reerguer feito uma fênix, das próprias cinzas. Muitas vezes, tinham que trabalhar arduamente para sair da extrema pobreza e sustentar a família de forma mais digna. Obviamente, para essas gerações, a felicidade estava atrelada apenas à conquista material, pois era o que mais lhes fazia falta.

Precisamos ansiar por uma felicidade duradoura, inspiradora e genuína, aquela que se conquista com o tempo, em resultado de se viver uma vida que se presentifica e se conecta com o agora, que se relaciona menos com o passado e flerta menos com o futuro. É importante ter lembranças, mas o passado só pode ser um lugar de lições, experiência, referências, mas nunca de permanência. O passado é um tempo estanque, que pode nos aprisionar nas águas de um rio que nunca mais retornará à sua nascente.

É maravilhoso ter esperança e otimismo, sonhar, fazer planos e traçar metas. Mas lembre-se de que o futuro é um tempo que ainda não existe, ele é uma projeção e também é a morada de todas as nossas ilusões e fantasias. Olhar demais para o futuro talvez seja uma armadilha que pode nos levar a frustrações e a uma ansiedade inútil. O passado já se foi e o futuro ainda não chegou, e pode nunca chegar, uma vez que estamos todos irmanados na grande, frágil e efêmera teia da vida.

...ENQUANTO A FELICIDADE NÃO VEM...

❄   ❄   ❄

Cuidado com as suas expectativas. Ter desejos, metas e ideais faz parte da vida, mas essas coisas não podem se tornar nosso combustível ou algo que nos gera ansiedade apenas. Aquilo que nos faz pular da cama pela manhã e que nos motiva a viver é maravilhoso, mas nós não temos controle absoluto sobre o futuro. O perigo é que nossas expectativas nunca são modestas. Elas inflam com o tempo e nos fazem acreditar que, quanto mais demoramos para alcançá-las, maior é o prazer de cumpri-las.

❄   ❄   ❄

Como numa expedição até o topo de uma montanha, de onde poderemos contemplar a paisagem mais linda do mundo, a cada percalço, a cada parada para respirar, o corpo já dolorido, dizemos a nós mesmos: "Continue, no final vai valer a pena". Daí nós chegamos e... o dia está nublado. A vista está lá, mas não chegou o momento de ela se mostrar para nós. Ou pior, de conseguirmos enxergá-la... E, quando ela se mostra, nem parece tão maravilhosa assim, pois a expectativa que tínhamos criado, sem perceber, gerou na nossa mente uma imagem fantasiosa, deslumbrante, quase saída de um livro de J. R. R. Tolkien, ou seja, algo totalmente irreal.

O que é real e alcançável é o que vivemos hoje – o presente. É nele que temos de ser capazes de nos desenvolver e plantar boas sementes, para podermos mais adiante colher os frutos maduros, que vão nos proporcionar uma paz possível. Precisamos nos assombrar com os pequenos milagres cotidianos e perceber os equívocos das nossas buscas, não para nos culpar, mas para corrigir a rota, mudar o curso, ser melhor para nós mesmos e, consequentemente, para o mundo. É sempre tempo de recalcular a rota e tirar do presente o peso de ter um futuro apenas calcado no acúmulo de riquezas materiais.

Outro arrependimento presente na pesquisa de Bronnie Ware era exatamente o de não ter percebido isso antes. Quando os pacientes diziam "Eu gostaria de não ter trabalhado tanto", essas pessoas estavam conscientes de que tinham dedicado todos os seus dias e horas de trabalho na busca pelo sucesso, pelo dinheiro, e na preocupação de acumular sempre mais, seja pelo medo da falta ou pela ganância.

Um só arrependimento leva a muitas consequências, várias mencionadas por esses pacientes, que apostaram toda a sua felicidade em apenas um aspecto da sua vida, o trabalho. Quem passa os dias ocupado com suas tarefas diárias não tem tempo de "expressar seus sentimentos", como muitos disseram, nem de "manter um contato maior com os verdadeiros amigos". Todos esses belos questionamentos feitos por seres humanos no momento mais vulnerável da vida deles culminam no motivo pelo qual vivemos: "Eu queria ter me permitido ser feliz". E essa constatação pode ser feita a qualquer tempo, a qualquer hora, mesmo no leito de morte.

Quando li sobre essa pesquisa, uma fenda se abriu nas muralhas do meu coração, já inundado com insatisfações e cada vez mais ressabiado e reticente em pulsar alegria genuína. Ser feliz é um ato de permissão, não um resultado. É como eu vivo cada experiência, não a experiência em si. Ou seja, é se permitir curtir o trajeto, em vez de viver em função do resultado.

Lembra que eu contei um pouco sobre o meu amigo Inácio, que desencarnou quando eu comecei a escrever este livro? Descobri nesse meio-tempo que ele estava sofrendo do mesmo tipo de câncer que o empresário norte-americano Steve Jobs.

Considerado um gênio da sua época, e um dos fundadores da Apple, Jobs morreu bilionário e teve o seu fim anunciado no mundo todo no dia 5 de outubro de 2011, aos 56 anos, por consequência de um câncer no pâncreas.

Inácio, um homem de vida simples, do interior de Minas Gerais, teve um fim semelhante ao de um homem que tinha acesso à melhor tecnologia do mundo na área da saúde. Nenhum deles pôde escapar do seu destino, independentemente de ter pouco ou muito dinheiro, de ter muita ou nenhuma influência.

O sucesso financeiro e profissional e o reconhecimento de um deles também não mudou o diagnóstico ou o fez encontrar a solução efetiva para a doença. Esse fato me levou a pensar se eles teriam algo em comum além de uma doença que lhes deu poucas chances de sobrevivência e menos tempo de vida. Se eu tivesse conhecido Jobs, perguntaria se ele pensou em seus arrependimentos em seu leito de morte. Será que além de ter inovado a forma como usamos os computadores e ouvimos música, ele também fez pessoas felizes? Transformou a vida de quem trabalhava com ele? Ou acabou por explorar pessoas na gana de produzir aparelhos modernos e revolucionários que ampliariam a sua riqueza? Não seria certo julgar sem termos convivido de perto com ele, mas não tenho dúvidas de que esse exemplo nos dá a certeza de que a melhor riqueza que podemos acumular para tempos sombrios é a sabedoria e o autoconhecimento.

❄ ❄ ❄

Ao longo de milênios, cultivamos a ilusão de que o acúmulo material e o luxo equivalem à felicidade e precisamos urgentemente descobrir a rota que nos levará a encontrar os verdadeiros tesouros do SER.

❄ ❄ ❄

Capítulo 4

Felicidade nas redes: conectados com o mundo, mas distantes do coração

> *"Queremos saber*
> *Queremos viver*
> *Confiantes no futuro*
> *Por isso se faz necessário*
> *Prever qual o itinerário da ilusão*
> *Da ilusão do poder"*
>
> – Gilberto Gil, "Queremos Saber"

ANDRÉ MANTOVANNI

Na era em que estamos vivendo, que nos avalia pelos nossos ganhos e sucessos, encontramos alguns novos desafios.

Nada foi tirado da nossa bagagem. Ganhamos mais itens que precisamos fazer caber na mochila que carregamos nas costas ao longo da vida. Essa bagagem emocional inclui ter dinheiro, sucesso e todas essas conquistas que diariamente postamos nas redes sociais.

O sorriso, os jantares, as festas, os passeios, as conquistas, tudo deve ser documentado para que todos vejam que conseguimos ser maravilhosos mesmo num mundo tão difícil. É preciso dizer que, ao contrário de muitos, conseguimos vencer as intempéries da vida e "chegar lá". A cobrança cruel disfarçada de "*post motivacional*", como nas legendas que jovens *fitness* usam ao postar seus treinos: "Se não postar, não cresce" ou "Tá pago". Como se fosse uma cobrança da sociedade e seus seguidores fossem agiotas da beleza lhe cobrando resultados e perfeição. E se você não postar, aquele esforço será em vão, pois não serviu para que os outros avaliassem seu empenho.

Imagine só as redes sociais do Rei Salomão! Ele poderia ter fotos com as mulheres mais bonitas, nas festas mais incríveis, mas, dentro dele, a sensação poderia ser bem próxima dessa que experimentamos hoje. Nenhuma daquelas fotos significaria que a vida de Salomão era perfeita e feliz. Será que ele estaria abarrotando o próprio Instagram com paisagens incríveis para fugir do fato de que vivia momentos de solidão, isolamento e dúvida? Seria Salomão capaz de usar essas mesmas redes para questionar a felicidade e seu propósito de vida?

Se ele fosse e agisse como um filósofo dos novos tempos, será que a maioria das pessoas iria se deter por um instante para ouvi-lo e tentar refletir sobre o modo como vivem? Será que é isso que interessa a todos nós? Ou vamos continuar agindo como animais de rebanho e seguir pessoas que elegemos como líderes, na certeza de que alcançaremos nosso melhor destino?

Por outro lado, é justo cobrarmos de nós mesmos todas essas mudanças? Como é possível olhar para si mesmo e pensar em tudo que estou destacando nestas páginas se estamos nos afogando num mar de informações, algumas delas contraditórias, sobre como devemos levar a nossa vida?

Como vamos ter esperança em meio a notícias tão devastadoras sobre violência, guerras, fome e intolerância entre as pessoas? Um pouco de realidade é preciso para construirmos nosso caráter, ouvirmos a nossa alma, aprendermos com o outro. Mas como selecionar o que é bom para nós e refletir num mundo globalizado, no qual o cotidiano é transmitido nas redes sociais e no *tsunami* de informação (poluição sonora e visual) que consumimos a cada segundo?

Vivemos num império de coisas efêmeras e sem sentido. Quase tudo nos engana e nos trai com a oferta de uma felicidade instantânea e obrigatória: seja feliz, seja feliz, seja feliz! Não importa como, mas seja feliz!

Muitas vezes, seguimos as pessoas nas redes sociais por puro escapismo, por nos sentirmos deslumbrados com vidas aparentemente mais confortáveis e privilegiadas que a nossa, mas, aos poucos, essa falsa sensação de intimidade com tais pessoas nos faz projetar na vida delas os nossos desejos. E queremos que elas se comportem como nós nos comportaríamos. Isso vai criando uma relação tóxica, em que cobramos dessas pessoas um nível de perfeição que todos sabemos ser impossível e elas exibem uma vida irreal e nos estimulam com frases do tipo, "tudo o que você quiser, você pode alcançar", como se todos no mundo fossem obrigados a vencer como elas venceram. Mas será que venceram? Ou sua vitória é apenas aparente?

Sem pensar, somos condicionados a buscar uma "felicidade histérica" e nada benevolente, entramos nessa roda viciante de

...ENQUANTO A FELICIDADE NÃO VEM...

que é preciso ser feliz, custe o que custar. Quem já teve um parente, amigo ou colega de trabalho que está sempre disposto, sorridente e não aceita a tristeza de ninguém? Quando vê alguém chorando, ele nem ouve ou percebe pelo que a pessoa está passando e vem com as suas regras de felicidade, que é "enxugar as lágrimas, levantar a cabeça e seguir em frente". Como já dizia o refrão da canção "Volta por Cima", de Paulo Vanzolini, "Levanta, sacode a poeira e dá a volta por cima".

Mas sacudir a poeira pode só espalhar a sujeira. Atacar a rinite. Nem sempre estamos equipados com o que é necessário para sacudir essa poeira. Nem sempre dispomos dos panos da superação, do rodo do bem-estar e dos produtos de limpeza emocional para sacudir essa teimosa poeira que macula a nossa alegria, e, quando estamos assim, fingir que está tudo bem ou relativizar esses sentimentos mais tristes nos faz agir só pelo desejo de sermos agradáveis e aceitos, sem perceber que saímos atropelando sentimentos e fatos que precisavam de tempo para serem digeridos.

Essa felicidade histérica é bastante acentuada na nossa cultura. Os brasileiros são conhecidos como um dos povos mais felizes do mundo. Daí nos questionamos: como pode tanta gente vivendo em contínuo sofrimento, sem atender às necessidades básicas, não parar de sorrir? A resposta é fácil: o Brasil é o país do Carnaval, do futebol, das festas! Diferentemente de muitos povos estrangeiros, os brasileiros se abraçam mais, sorriem mais e por isso são vistos como as pessoas mais felizes do mundo. Quem nos observa de longe, de forma idealizada, sem viver de perto o cotidiano do nosso país, não sabe que escondemos sentimentos mais sombrios em nossa luta árdua para demonstrar força diante das dificuldades do dia a dia, forças estas que na maioria das vezes não possuímos de verdade. Não é raro ver uma reportagem na televisão em que uma vítima de um desastre está otimista e confiante de que tudo passará, certa de que, se construiu uma vez, conseguirá esse feito novamente.

Na nossa vida diária também. Ao vermos uma pessoa desconhecida chorar no ônibus ou em qualquer outro lugar, na maioria das vezes não pensamos em confortá-la lhe dando um abraço ou fazendo um afago, para oferecer a ela espaço para extravasar um sentimento que lhe faz mal. Aprendemos que chorar ou reclamar é sinônimo de fraqueza. O nosso primeiro impulso é dizer palavras otimistas, tentar tirar a pessoa daquele estado. Ninguém aguenta ver o outro sofrer, algumas vezes por empatia, outras só pelo desejo egoísta de não querer se sentir impotente diante da angústia alheia. Quando vemos uma pessoa passar por um luto, o primeiro desejo é saber se ela já superou a perda e está feliz, porque não queremos deitar a cabeça no travesseiro sabendo que outra pessoa está em aflição.

Em suma, nós tememos os dias nublados. O Brasil é um "país tropical, abençoado por Deus e bonito por natureza", e nós somos parte desse cartão-postal da alegria. Mas nem todo dia o nosso país retrata esse Brasil de agência de turismo e da letra animada da música de Jorge Ben Jor. Agora, por que fugir dos dias nublados? Gatos só procuram o sol quando ele aparece.

❄ ❄ ❄

A perda de um amor
precisa ser digerida,
assim como a perda de um
amigo, de um emprego,
de um familiar querido.
Precisamos dar tempo
ao sofrimento e parar
de demonizar a tristeza,
como se fosse um grande
pecado dar lugar a ela.
Somos humanos, sentimos
raiva, medo e infelicidade
em alguns momentos, sim.

❄ ❄ ❄

Quando não, eles se recolhem e curtem o dia mais quietinhos. Isso porque, em sua instintiva sabedoria, o gato sabe que não adianta procurar o sol num dia nublado. Ele não encontrará. Conosco é diferente. Queremos negar que nosso emocional está nublado e ficamos ouvindo frases motivacionais e escapismos que nos fazem crer num sol que não vai aparecer naquele dia, em vez de curtirmos um dia mais quietinhos como os gatos fazem. Precisamos respeitar o nosso momento nublado e refletir sobre os motivos que trouxeram tantas nuvens.

Nem todos os dias são ensolarados. Existem momentos em que precisamos trocar a divertida cerveja pelo reconfortante chocolate quente e nos aquietarmos. Não adianta ter raiva da tristeza ou se revoltar contra ela. Ela é uma visitante que ficou com má fama e se tornou indesejada, mas colocar a vassoura atrás da porta não vai fazê-la ir embora. Quando a tristeza lhe fizer uma visita inesperada, o melhor a fazer é convidá-la para se sentar e conversar. Conhecê-la melhor e entendê-la, em vez de despachá-la com uma desculpa qualquer e fingir que ela não ficou ali, espreitando na janela.

...ENQUANTO A FELICIDADE NÃO VEM...

✳   ✳   ✳

Não pensamos com profundidade nas nossas angústias nem damos espaço para que o outro faça a mesma reflexão.

✳   ✳   ✳

Essa dificuldade que temos para fazer uma autoavaliação foi demonstrada por uma pesquisa que investigou o que há por baixo desse tapete da felicidade em que vive o brasileiro. Encontramos muita poeira embaixo dele e um número bem surpreendente: apenas 29% dos brasileiros se consideram felizes de fato.

O levantamento foi feito pelo Instituto Qualibest[8], em 2022, em todas as regiões do país, quando foram feitas perguntas sobre a felicidade. O maior número, no entanto, é de pessoas que não sabem bem o que sentem. Para se ter uma ideia, 52% dos brasileiros não se consideram infelizes, mas ainda estão em dúvida sobre o que pode ser essa tal felicidade e, assim, deram notas intermediárias sobre ela. Os outros 19% revelaram que se sentem infelizes de fato e não têm dúvida quanto a isso.

---

8. Consulta ao relatório on-line. Disponível em: https://www.institutoqua-libest.com/download/a-pesquisa-sobre-felicidade/. Acesso em: 25 fev. 2023.

As respostas foram dadas de acordo com o entendimento de cada uma dessas pessoas sobre o que é felicidade para elas.

Os satisfeitos com a própria vida entendem que a melhor riqueza é estar bem consigo mesmo e manter a autoestima elevada, além do fato de encarar a vida de um jeito mais leve. O autoconhecimento nos ajuda mesmo a lidar melhor com os problemas, a conseguir respirar fundo diante de uma decisão difícil e ponderar se o problema tem mesmo aquele tamanho que estamos dando a ele. Com a prática, essa percepção fica mais aguçada e conseguimos enfrentar os erros de percurso com mais calma, preservando a energia para as grandes tempestades que possam vir sem aviso. Para aqueles dias mais que nublados... para os chuvosos.

São essas intempéries da vida, justamente, que serviram de justificativa para aqueles que se disseram infelizes na pesquisa. A resposta mais frequente foi "minha vida financeira não está estável" e, por não saberem lidar com a situação que faz parte da vida da grande maioria dos brasileiros, ela acaba levando à precariedade da saúde mental e física, outra queixa muito frequente.

Claro, vivemos numa realidade em que não é simples ser próspero, pois as oportunidades são desiguais e os desafios são muitos. Viver é uma luta diária e buscar a felicidade nesse contexto faz parte dessa jornada. Mas será que uma parte dessa infelicidade e cobrança não é resultado do que aprendemos sobre o que é correto e melhor para nós?

...ENQUANTO A FELICIDADE NÃO VEM...

Se, como dizem por aí, temos nos ombros um anjinho e um diabinho que nos inspiram boas e más decisões, essa autocobrança coloca sobre essas já cansadas escápulas mais um personagem: um general autoritário, de tom imperativo, que não sussurra em nosso ouvido, ele grita. Nos dá ordens e declara nossa incompetência sempre que não atingimos as expectativas, que geralmente não são as nossas.

Ele nos compara com pessoas que parecem se dar bem em tudo o que fazem. Nos diminui diante de pessoas com múltiplos talentos e questiona quais são os nossos e quando eles vão aparecer. Um torturador criado por nosso próprio campo mental, que não nos deixa respirar e nos causa a sensação de que estamos sempre atrasados, seja lá para quê. Esse tirano insensível que colocamos nos ombros é um monstrinho alimentado pela ideia dos exemplos a serem seguidos. É mais um dos deuses desse panteão social no qual nos espelhamos. Estou falando aqui do nosso corpo.

Fomos ensinados que a felicidade se resume em produzir sempre, ter cada vez mais, acumular dinheiro e, é claro, ser muito, mas muito popular. (Viva a era dos *likes* e do engajamento virtual!) E sempre nos esforçarmos para ganhar mais, mesmo que isso não faça sentido, só para podermos sentir que pertencemos a um grupo, que fazemos parte e que estamos na moda. Mais do que isso, que estejamos nos padrões de beleza dos dias de hoje, evidentemente.

Essa foi uma questão levantada na pesquisa. Quando as pessoas foram questionadas sobre o que mais influencia seu estado de felicidade, 74% das pessoas infelizes disseram ser a relação delas com o próprio corpo. Em vez de falar sobre amizades, família, bem-estar, espiritualidade, elas decidiram que sua relação com o corpo físico é a mais importante.

Há tempos que somos reféns desses conceitos. Primeiro nas capas de revista, na televisão e agora nas redes sociais, nas quais influenciadores investem em falsas promessas de se ter um corpo perfeito, sem levar em conta, entre outros fatores, as diferenças genéticas e sociais das pessoas. Na contramão desses conceitos, pessoas obesas ou apenas um pouco acima do peso, com cabelos crespos ou grisalhos, tentam ocupar um pouco de espaço na internet para conseguir derrubar esses padrões. Mas o algoritmo das redes sociais acaba com essas minorias. Ele é um sistema que observa os nossos costumes, de quem gostamos e o que curtimos mais, por isso só nos mostra mais daquilo que já gostamos e já sabemos. É preciso pesquisar e olhar mais profundamente o mundo virtual nas pesquisas para conseguir estourar essa bolha que nos mostra sempre os mesmos padrões.

Concordo que precisamos nos sentir bem com nosso corpo, que é importante estar saudável, ter disposição para fazer as tarefas do dia a dia e não se sentir julgado pela forma do nosso corpo. Podemos ter alguma parte de que não gostamos muito ou que desejamos mudar, mas esses padrões impostos pela mídia e pela sociedade fazem com que muita gente perca a visão da própria beleza. O mundo é mais bonito porque é diverso,

...ENQUANTO A FELICIDADE NÃO VEM...

porque cada um tem um jeito, um cabelo, um tipo de rosto. Imagine que chato se todos fôssemos iguais!

Não vou mentir, eu também caio nessa armadilha. Também tenho as minhas vaidades e vulnerabilidades. Contudo, comecei a refletir sobre o que eu estava fazendo para mim e o que estava fazendo para os outros. Só para receber elogios. Estamos alimentando nossa autoestima ou só aquela parte mais egocêntrica de nós? Existe uma diferença fundamental entre essas duas coisas. Algumas crenças podem ser traiçoeiras, nunca se dão por satisfeitas e são comparativas. Buscamos nos encaixar num formato de beleza ideal e, de repente, não nos enxergamos mais. Se alguém flerta conosco, não sabemos se a pessoa está interessada em quem somos ou naquela embalagem que construímos em busca dessa aceitação. Poxa, então eu não devo me cuidar? Claro que sim! Mas autocuidado não significa se moldar ao formato do outro ou das pseudoperfeições propagadas pelas redes sociais e pela mídia em geral.

Lembre-se de que a sua individualidade é o que lhe faz ser mais interessante aos olhos do mundo, o que ajuda você a contribuir com este universo de cores e formas que compõe o nosso planeta. Precisamos olhar mais para o conjunto dessas belezas, para a singularidade das pessoas, seus diversos jeitos e tipos. O que é dito em redes sociais e aplicativos de mensagens tem tanto peso que 43% dos participantes dessa mesma pesquisa entendem que essa troca, quando feita de forma negativa, impacta bastante o bem-estar.

Contagem de cliques, de curtidas, de seguidores, de quanta visibilidade ganhamos na semana passada, de quantos amigos temos. Nem importa se esses amigos são pessoas com quem podemos contar ou não. Até para conseguir um parceiro, as pessoas contam com a ajuda dos números, dos aplicativos que calculam quem tem mais afinidade com elas. Mas será que buscamos pessoas diferentes de nós? Mais uma vez, caímos na tentação de seguir padrões, de perder o contato com o diverso, com o diferente, estreitando a nossa mente, que está cada vez mais se ajustando ao tamanho da tela dos nossos *tablets* e celulares. Aliás, já reparou se você é uma daquelas pessoas que está sempre no celular? Preocupado em checar as redes sociais, postar uma nova foto ou contar para o mundo como está seu dia, se já malhou ou se está num restaurante chique? Esse aparelho é outro fenômeno que nos leva a abraçar ainda mais essa vida cheia de afazeres. Nele, podemos ler notícias, acompanhar grupos de conversas, seguir e fazer amigos virtuais em diferentes redes e até medir quantos passos demos durante o dia. Ele faz parte da nossa vida, mas será que já aprendemos a usar essa tecnologia para melhorar o nosso bem-estar? Será que dá para tirar proveito de todas essas informações que ele nos oferece, em vez de se perder num mundo líquido, que escorre pelos nossos dedos?

Essa foi, inclusive, uma teoria do sociólogo e filósofo polonês Zygmunt Bauman, que deixou como marca na sua vida a criação do conceito de "Mundo Líquido", descrito em seus

...ENQUANTO A FELICIDADE NÃO VEM...

diversos livros. Vou explicar sobre ele de maneira sucinta, mas sem correr o risco de parecer simplista. Para Baumann, tudo ficou líquido porque não dura, não tem valor. Tratamos um novo amor como uma calça da qual enjoamos e que resolvemos trocar por outra. Nesse mundo líquido, a felicidade nada mais é do que fazer listas de desejos materiais e trabalhar muito para satisfazê-los, às vezes durante uma vida inteira, e viver apenas um vazio existencial que não pode ser preenchido por nada disso.

E com o espírito de rebanho, seguimos em frente sem olhar de maneira profunda para o que realmente importa, sem um bem-querer por nossos próprios sonhos, sem viver a alegria genuína que é conquistada nas pequenas e importantes vivências das nossas relações mais verdadeiras. Seguimos, ainda, descartando tudo, excluindo experiências, bloqueando emoções e virtualizando afetos.

Acreditamos num mito inalcançável chamado felicidade e corremos desesperadamente atrás dessa falsa realidade, criada por outros que se irmanam na cobiça, na ambição e no poder, para tentar apaziguar os vazios interiores. Porém, acabamos sendo nada mais do que escravos de um mundo líquido e superficial, onde tudo se esvai ou evapora na velocidade da luz.

Mas eu sei que você, como eu, quer mais, muito mais, não apenas as coisas que o dinheiro pode comprar, porque acreditamos que a felicidade pode ser algo muito mais próximo de nós e muito maior do que tudo isso que ilusoriamente nos ofertam em nosso meio.

Importante não esquecer: a felicidade também é fruto das mais profundas alegrias que existem em nosso eu interior e, quando nos sentimos plenos por ter uma vida cheia de sentido, temos condições de enfrentar com mais coragem essa grande experiência de viver com mais consciência e luz, e SER no mundo.

Capítulo 5

Felicidade, uma corrida contra o tempo

"Só há felicidade se não exigirmos nada do amanhã e aceitarmos do hoje, com gratidão, o que nos trouxer. A hora mágica chega sempre."

— Hermann Hesse

Se toda essa forma de encarar o mundo moderno também nos leva à infelicidade, o que diriam as pessoas consideradas as mais felizes do mundo? Todos os anos é divulgado um ranking dos países mais felizes do planeta e o Brasil cai um pouco mais a cada ano. Problemas sociais, fome, falta de moradia e perspectiva socioeconômica, a pandemia de covid-19, não são poucos os motivos que nos levam a estar em 49º lugar, depois de cair 11 posições em relação à lista divulgada no ano de 2022.

E na Finlândia? Por que eles foram eleitos a população mais feliz do mundo? Antes de nos compararmos, é importante lembrar que eles têm muitos direitos garantidos e não precisam se preocupar com as necessidades básicas. Saúde, educação, moradia e alimentação não são problemas enfrentados pelos finlandeses. As taxas de roubo e corrupção são baixíssimas, até porque, num mundo em que se tem tudo, qual o sentido de se desviar?

Cálculos utilizados pela Organização para a Cooperação e Desenvolvimento Econômico, a OCDE, mostram que as pessoas tendem a se preocupar menos com dinheiro quando há menos desigualdade de renda. Quando todo mundo vive bem, não é preciso olhar para o lado e se comparar. Ninguém se desespera por achar que não conseguiu conquistar nada na vida, enquanto há pessoas com riqueza suficiente para sustentar filhos e netos.

Numa reportagem publicada pelo jornal *The New York Times*[9], os finlandeses comentam sobre esse *ranking*. Eles realmente têm consciência do quanto são privilegiados. Uma garota, filha de

---

9. "The Finnish Secret to Happiness? Knowing When You Have Enough", *The New York Times*. Disponível em: https://www.nytimes.com/2023/04/01/world/europe/finland-happiness-optimism.html. Acesso em: 1º abr. 2023.

...ENQUANTO A FELICIDADE NÃO VEM...

um agricultor, estuda música numa universidade e diz que, em outro país, ela não teria esse privilégio, pois só as classes altas podem se dar ao luxo de estudar o que realmente desejam.

Mas, nem tudo é perfeito. Esses países nórdicos que lideram as listas de povos mais felizes do mundo também têm alguns dos mais altos índices de depressão. O clima frio e o isolamento entre as pessoas colocam países como a Dinamarca, a própria Finlândia, a Islândia e a Noruega entre os que enfrentam os índices mais alarmantes de suicídio. Contudo, nessa mesma reportagem, eles relataram que vivem bem porque possuem uma dose saudável de pessimismo e mau humor. Ou seja, não caem em qualquer conversa sobre felicidade; eles têm tempo e dinheiro para pensar profundamente sobre ela. Quando o repórter pergunta sobre a vida financeira, uma mulher responde: "Quando você sabe o quanto é o bastante, você se sente feliz". E ela está certa. Mesmo porque o ganho financeiro está relacionado a ter acesso a uma vida confortável. Por isso tal montante depende inteiramente do que você considera necessário para ter conforto. Se associarmos nosso conforto e bem-estar ao consumismo, a viagens caras, mansões, carros de luxo, posses em geral, alcançar a felicidade se torna uma escadaria com muito mais degraus do que se nos sentíssemos plenos com uma casa pequena, mas aconchegante, num local calmo, com um bicho de estimação, comida boa, simplicidade e ar puro. Não que esse ambiente também não tenha seus gastos, mas as ambições são diferentes e consequentemente exigirão esforços condizentes.

Bem, voltando à nossa realidade de país de proporções continentais, cheio de desigualdades, por um lado, e mergulhado no consumismo (pelo menos uma parte considerável da população das metrópoles), por outro, é importante salientar que essa pressão pela *performance* de sucesso, seja ela profissional ou pessoal, vem de uma cultura que nos induziu a pensar que esse é o jeito correto de viver.

Sim, somos vítimas de um sistema que vende essa fórmula única de felicidade, mas que não diz isso com todas as letras. Tudo é muito sutil. Capas de revistas com famosos, gurus que dizem ter saído do nada e conquistaram uma vida de riqueza apenas pelo próprio esforço. Influenciadores que mostram o seu dia a dia e juram acordar cedo para correr, comem apenas pratos saudáveis (que foram preparados por um de seus funcionários) e têm uma rotina cheia de atividades. Todos sempre muito maquiados e bem-vestidos, com as roupas e os cosméticos das marcas que os patrocinam. Tudo isso parece real, mas não é. Mesmo assim, quantas pessoas não consultam as redes sociais para buscar inspiração no impossível, porque o mundo virtual parece tão real que o confundimos com a nossa própria realidade. Quem tenta copiar esse ritmo com menos recursos, acha que é preciso produzir muito o tempo todo, se engajar, ser visto e ter milhares de seguidores.

...ENQUANTO A FELICIDADE NÃO VEM...

❋   ❋   ❋

Produzir e postar tudo, até quando não há assunto, até quando não há nada para dizer. É preciso trocar o pneu com o carro andando. Se antes tínhamos chefes que tentavam nos manter na linha, hoje somos o nosso próprio patrão; somos aquele que empreende, sendo mestre e escravo de si mesmo, e punindo a si próprio quando não consegue chegar lá.

❋   ❋   ❋

É cruel também pensar que muita gente sai na frente nessa corrida. Já nasceu com tudo que é necessário para viver bem e tem tempo para buscar sonhos e desejos maiores. A vida não é só flores e nós sabemos disso por tudo o que vemos diariamente nos nossos meios de comunicação. Concordo que, com bens materiais, temos uma vida mais confortável. Mas a vida não deveria ser só isso e sabemos que há espaço para mais. Só precisamos nos libertar dessa concepção de vitória atrelada a números. Sejam seguidores, dinheiro, esse costume de sonhar com a Mega-Sena como prospecto de felicidade, sem considerarmos a real probabilidade disso.

❆ ❆ ❆

A verdade é que tudo
tem o valor que nós lhe
damos e que faz sentido
na nossa vida na ocasião.

❆ ❆ ❆

...ENQUANTO A FELICIDADE NÃO VEM...

Algumas pessoas já estão percebendo essa necessidade de mudança. É muito comum vermos, em jornais e noticiários, a disputa muitas vezes escandalosa e desrespeitosa entre herdeiros de alguma grande fortuna deixada por algum patriarca ou matriarca. Olhamos para aquilo com uma mistura de fascínio e indignação, questionando a necessidade de todo aquele circo montado em detrimento da memória de quem já deixou este mundo. Mas quantos de nós teria a coragem de fazer o que alguns herdeiros fazem, que é abdicar de todo o dinheiro, aceitar uma parte menor e ainda assim se sentir satisfeito e grato?

Também nos surpreendem os relatos de pessoas que abdicam de grandes fortunas, doando boa parte dos bens herdados a instituições filantrópicas ou optando por viver com menos do que lhes seria de direito.

Quero contar algo interessante aqui. Existe, no interior de Pernambuco, uma fazenda abandonada há muitos anos que virou lenda urbana naquela região. Isso porque, dos quatro herdeiros, três brigam na justiça até hoje pela sua parte naquele latifúndio e não entram num acordo. A ironia é que o quarto filho, que decidiu aceitar o que lhe foi designado, tem hoje, ao lado, uma fazenda própria, de menor tamanho, porém abundante em sua produção. Obviamente, o peso de uma herança é diferente para alguém que passa por dificuldades financeiras e para alguém que sempre viveu com conforto. Ainda assim, é admirável aquele que consegue olhar a situação pensando no futuro e que fica em paz com suas escolhas.

ANDRÉ MANTOVANNI

Talvez eu não tenha habilidade para administrar muito dinheiro, dar conta de uma grande herança ou assumir cargos para os quais não me preparei e que ocuparia somente pela ambição de tal poder. Talvez a sorte de receber uma herança se torne um revés e resulte em brigas, desconfianças, estresse e muitas perdas. Gosto de uma frase que vi num azulejo decorativo na parede de um restaurante em Salvador: "Um nasceu para ser pescador, outro para ser cozinheiro, e se um trocar de lugar com o outro, o peixe não sai".

O fato de sabermos o que nos compete e o que podemos e queremos para nós pode até provocar nas pessoas questionamentos a respeito de por que tomamos certas decisões, mas esses porquês são apenas nossos e de mais ninguém. Nesse caso específico, o senhor que aceitou a menor parte da herança entendeu o que para ele era sinônimo de felicidade.

Falando em trabalho, essa imagem de pessoas bem-sucedidas que vivem ocupadas está mudando. Cada vez mais, celebridades e grandes executivos estão falando mais dos seus problemas, expondo experiências psíquicas dolorosas, como a Síndrome de Burnout, o esgotamento físico e mental causado pelo trabalho exaustivo, estressante, muito competitivo ou de extrema responsabilidade. O termo ganhou até *status* de doença pela Organização Mundial de Saúde.

Quem se orgulha de trabalhar "24 horas por dia", perder fins de semana e ficar colado no celular está fora de moda. A tendência é que o trabalho seja uma parte da nossa vida e

96

não a nossa vida por completo. Aliás, quem nunca conheceu alguém que caiu em depressão depois de perder um cargo ou um emprego, porque o trabalho era a única coisa que lhe dava felicidade na vida?

Não seria bom refletirmos melhor quando vemos pessoas que não conseguem ficar paradas e simplesmente contemplar o momento em que não há nada para fazer? Férias e aposentadorias deveriam ser acontecimentos que marcam momentos de descanso, lazer e recompensa. Só que essa ideia de ter que produzir sem parar provoca tanta culpa nas pessoas que foi preciso escrever livros e defender o conceito de que o lazer também contribui para a criatividade e a produtividade. É impressionante como o foco é estar sempre conectado e produzindo, seja na internet ou fora dela, trabalhando ou de folga.

Existe até um termo para isso. O filósofo Byung-Chul Han o chama de "sociedade do cansaço". Para ele, essa é uma enfermidade dos nossos tempos. O sintoma é a exaustão provocada pela positividade tóxica de sermos histericamente felizes, sempre gratos, iluminados, e ainda nos sentirmos obrigados a gerar lucro.

Em seus diversos livros e artigos publicados, Byung-Chul Han também explica outro conceito chamado "sociedade do desempenho", que se mescla com o primeiro. Uma sociedade que precisa dar resultados e lucros a qualquer preço e que vai sucumbir à exaustão em algum momento. Logo, o corpo começa a padecer e depois a mente. Piora a ansiedade, cresce a depressão e abrimos espaço e damos voz para o sentimento de que "nada nunca será o suficiente" e que "podemos fazer sempre melhor". Quem nunca ouviu frases como essas no ambiente de trabalho?

Bom, vamos respirar. Esse conceito dos *coaches* de empreendedorismo e marketing pessoal pode ser muito perigoso quando negligenciamos nossa saúde mental. "Trabalhe enquanto os outros dormem." Não! Durma. Descanse, recarregue suas baterias e trabalhe de maneira saudável; não faça isso se sentindo sobrecarregado. "Dê 100% de si." Isso não é apenas muito. É tudo! E sua família, seus amigos, seu cuidado pessoal, seus momentos de descanso e relaxamento? Dê aquilo que puder dar e que for pertinente a cada aspecto da sua vida.

Se existem filósofos e estudiosos falando sobre isso, é porque estamos tentando resolver esse grande problema que a humanidade criou para si mesma. Pensadores modernos conceberam um movimento para tentar "desacelerar" o mundo. Há pelo menos trinta anos, a palavra *slow* (em inglês, "devagar") começou a ser utilizada na frente de substantivos como comida, beleza e moda. Creio que o primeiro a surgir foi o *"slow food"*[10], a ideia de degustar a comida sem pressa, comprar ingredientes frescos e de produtores locais, preparar os alimentos e comer com critério, calma e responsabilidade com o meio ambiente.

---

10. O movimento *slow food* foi iniciado pelo jornalista italiano Carlo Petrini, em 1986. Uma das razões que levou ao movimento foi a abertura, na época, de uma loja de uma grande rede de *fast-food* no centro histórico de Roma. A partir de 2018, o tema ganhou proporção global.

Um retorno a uma vida mais simples e menos industrializada, processada e artificial.

Na esteira dessa ideia, a editora de uma revista de moda canadense chamada *Georgia Straight* captou a essência do "*slow food*" e o aplicou ao mundo da moda. Em 2004, a inglesa Angela Murrills escreveu um artigo[11] que lançou o termo "*slow fashion*". Praticamos o "*slow fashion*" quando não nos rendemos ao consumo desenfreado, pensamos antes de comprar e damos preferência a pequenos produtores e comerciantes, à costureira que mora do outro lado da rua. Ou fazemos trocas em brechós e deixamos de adquirir produtos de grandes redes, que renovam seus estoques diariamente e conseguem vender a preços baixos muitas vezes às custas do trabalho escravo. A partir daí a palavrinha "*slow*" começou a se agregar a tantos termos que se transformou num grande movimento.

Há grupos de cientistas que usam esse conceito para defender a conexão mais viva com tudo o que nos cerca. Podemos viver isolados dentro de casa ou nos conectar com o que há ao nosso redor, o bairro, as pessoas, as histórias, o que é produzido na vizinhança. Ao pegar um livro, podemos aderir ao movimento "*slow*" e curtir sem pressa esse momento de leitura para que

---

11. "Just How Slow Can You Go?", artigo opinativo de Angela Murrills, publicado na revista *The Georgia Straight* em 3 de junho de 2004. Disponível em: https://www.straight.com/article/just-how-slow-can-you-go. Acesso em: 9 jan. 2024.

ele seja mais valorizado e feito com foco e prazer. (Espero que você esteja fazendo isso agora!)

Fala-se até sobre como viajar dessa maneira *"slow"*. Por que pegamos poucos dias de férias e decidimos visitar 15 cidades diferentes e cumprir uma lista infinita de passeios? Por que não passar uma semana inteira num único lugar, absorvendo a sua cultura, o jeito de viver daquelas pessoas, criando a experiência de uma nova rotina?

Numa sociedade como a nossa, de ritmo rápido e, portanto, "de cansaço", é bom mesmo que a gente se aproprie da palavra *"slow"* e tente incluí-la em nosso dia a dia. A primeira coisa que me ocorreu é: será que existe um movimento *"slow work"*?

Existe sim, mas há diferentes versões dele circulando por aí, algumas um pouco frustrantes, como a que defende a ideia de que o trabalho pode ter mais "pausas criativas". Mas, afinal, por que as pausas devem ser sempre criativas? Por que não podem ser pausas de fato? Acho importante ter cuidado para não cairmos em ciladas, que fazem as pessoas produzirem mais, pensando que trabalham menos.

Até as atividades que visam o nosso bem-estar, como ir à academia ou fazer aulas de dança, massagens ou caminhadas, se forem associadas à publicação em redes sociais e criação de conteúdo, deixam de ser momentos de autocuidado e se tornam compromissos profissionais que nos enchem de obrigações. Atividades simples como essas se tornam mais uma maneira de avaliarmos nossa *performance* ou nos compararmos com os outros. Elas deixam de ser um momento de descontração e autocuidado e se tornam uma obrigação social. Quando nos damos conta disso, nosso cérebro já está esgotado e não sabemos mais o que fazer para melhorar a nossa qualidade de vida. Alguns estudiosos entendem que o *slow work* tem como base a proposta de sermos menos produtivos de fato. Quando tiramos dos ombros a pressão para enriquecer, não precisamos acumular tanto e o trabalho passa a ser menos estressante. Só que, para isso, é preciso que os líderes de grandes empresas comecem a pensar mais dessa maneira e reproduzir a ideia em toda a sua companhia. Outro ponto é que pensar assim ajuda a acabar com o mito de que só é eficiente quem fica horas na frente do computador e mostra cansaço ao seu chefe.

Uma reportagem da revista americana *The New Yorker* sobre o assunto[12] relata a experiência de um grupo de empresas na Islândia que adotou uma jornada de trabalho de apenas quatro dias. Empresários contam que tiveram como resposta funcionários mais bem-humorados, felizes, engajados, e que produziam o mesmo que antes. Claro, somos forçados a cumprir horários, mas ninguém consegue se manter focado oito, dez ou mais horas

---

12. "It's Time do Embrace Slow Productivity", reportagem de Cal Newport, publicada na revista *The New Yorker* em janeiro de 2022. O relatório da experiência é da empresa de pesquisa Autonomy, publicado em 4 de julho de 2021. Disponível em: https://www.newyorker.com/culture/office-space/its-time-to-embrace-slow-productivity. Acesso em: 14 abr. 2023.

ANDRÉ MANTOVANNI

por dia. O relatório dessa experiência demonstra que ela teve um resultado tão positivo que a prática foi estendida a quase todo o pequeno país da Islândia, sem que houvesse diminuições no salário dos funcionários.

Esse pode não ser o mundo ideal. Contudo, o bom é que fizemos muitas reflexões necessárias até aqui. O próximo desafio é avaliar o lado prático do nosso cotidiano. É no dia a dia que os problemas reais acontecem, que é preciso colocar todas essas reflexões em prática e, às vezes, com poucos recursos, encontrar a melhor solução para sair de uma situação ruim ou insatisfatória e vencer mais uma etapa desta vida cheia de contratempos.

Entre o conceito e a prática existe o cotidiano. Daí eu pergunto: o que é confortável para você? Nossa rotina e nossas capacidades são distintas. Eu sou de um jeito, você é de outro. É preciso compreender o que faz sentido para cada um de nós. Testar o que funciona individualmente. Viver o nosso silêncio, os nossos momentos de lazer, nos permitir o ócio e contemplar as nuvens e os raios de sol. Como uma música que, para uma pessoa, pode ser animada e dançante e, para outra, pode parecer barulhenta e irritante. É preciso experimentar sempre.

Os mais otimistas, e eu estou começando a fazer parte desse grupo, acreditam que é justamente tal busca e essas provas que proporcionam movimento, nos desafiam, dão significado à vida e tudo isso nos leva a sentir felicidade. Como será que podemos agir diante da incerteza, das notícias ruins e até durante uma pandemia como a que vivemos? Aliás, que tipo de lições tiramos dessas situações? Depois de tanto sufoco para escapar da morte, num momento tão vulnerável da humanidade, será que vamos conseguir evoluir e sentir que podemos viver bem com as nossas escolhas?

Capítulo 6

É preciso atravessar os desertos da alma

"A primavera chegará, mesmo que ninguém saiba o seu nome, nem acredite em calendário, nem possua jardim para recebê-la."

– Cecília Meireles, *Saudação à Primavera*

"Pare de chorar, menina! Quanto drama!" "Meninos não choram!" "Não fique triste, isso é bobagem! Sorria!" "Isso é frescura! Sofrendo por essa bobagem?" Tenho certeza de que você já deve ter ouvido algumas dessas frases inúmeras vezes. Desde a infância, somos condicionados a fugir dos nossos sentimentos quando eles não são bonitos ou agradáveis aos olhos dos outros. Aprendemos que é bonito chorar quando é de alegria, de emoção, mas nunca quando é por algo difícil ou que demonstre nossa vulnerabilidade. Precisamos ser fortes e a ideia enraizada de que choro é um tipo de fraqueza nos persegue.

Quantos de nós não ouvimos aquela frase medonha na infância: "Engole esse choro!". Com essa sentença vamos criando muitas barreiras em nosso mundo interior. E guardamos essa pesada lição de ter que digerir silenciosamente aquilo que nos angustia e deixar que se espalhe como um veneno dentro do nosso corpo. Em qual circunstância isso seria saudável? Faria bem? Nenhuma. Mas engolimos o choro e a tristeza porque entendemos que é errado sentir qualquer coisa que mostre o quanto estamos fragilizados. Pior ainda quando se fala em depressão. Acontece que, quando estamos deprimidos, entendemos que não se trata só da vontade imediata de chorar. Gente deprimida também sorri. Quem sofre com depressão, muitas vezes sofre em silêncio. Vai digerindo aquilo, se envenenando de maneira solitária. Por que somos disciplinados a fugir das nossas emoções quando elas são incômodas? Fraqueza maior não é fugir de algo em vez de encarar a circunstância como ela é e transformar o que é preciso? E se a pessoa não está chorando, isso não significa que está bem. Nós sabemos disso.

A tristeza é um sentimento que nos acompanha ao longo da vida, mas saber diferenciar quando ela passa dos limites se tornou um desafio nos últimos tempos. A partir do momento que adquirimos conhecimento suficiente para fazer diagnósticos e ter acesso a medicamentos de alta tecnologia, começamos a nos deixar levar pela tendência de transformar tudo em problema de "saúde mental" – sem nem entender exatamente o que esse termo significa. Profissionais da área da saúde fizeram um alerta com base em pesquisas. Desde 2017, está aumentando a venda de antidepressivos e moduladores do humor, que apresentou um crescimento de 58% até 2021. Na visão dos profissionais à frente desse levantamento, é relevante frisar que esses remédios foram comprados dentro da lei e que o crescimento nas vendas acompanha o aumento do número de pessoas com distúrbios mentais, problema que se alastrou durante a pandemia. Contudo, segundo um consultor da área, existe também "o fato de estarmos numa sociedade culturalmente marcada pela tendência à medicalização"[13]. Ou seja, em vez de investigarmos nossos sentimentos, nós nos dopamos com pílulas. E, quando fazemos isso, não só as emoções indesejadas vão embora, como também entorpecemos as boas. Em momentos de crise, isso pode ser necessário, o problema é que a ideia se tornou lugar-comum.

---

13. Levantamento feito pelo Conselho Federal de Farmácia em 2021. Disponível em: https://www.crfpb.org.br/2021/08/02/vendas-de-medicamentos-para-depressao-aumentaram-13-este-ano/. Acesso em: 29 nov. 2023.

Ouvi isso de diversos profissionais, não só de farmacêuticos, como também de médicos psiquiatras e psicólogos. Os medicamentos estão aí para nos ajudar a ter uma vida melhor, mas só com a assistência correta é possível saber quando, como e por que tomar. No mercado paralelo, também circulam pílulas, algumas utilizadas para dormir, que levam ao vício e ao descontrole do ciclo do sono. Recentemente, há um número cada vez maior de notícias sobre pessoas que realizaram compras ou mandaram mensagens ou e-mails vexatórios ou perigosos por estarem sob efeito de indutores de sono. Ainda assim, essas mesmas pessoas muitas vezes afirmam que não pararam de tomar o medicamento porque, sem ele, não conseguiriam dormir.

Tratamentos, sejam eles quais forem, precisam ser prescritos por profissionais sérios. Os medicamentos devem ser utilizados para nos trazer alívio, não mais sofrimento. É só pensarmos que as dores da mente podem ser comparadas às que sentimos no corpo físico. Quando vamos ao hospital com a queixa de uma dor, o médico vai buscar a causa. Imagine se ele apenas entupisse os pacientes com analgésicos? A doença que provoca essa dor só vai piorar, até se transformar em algo grave ou até mesmo crônico.

No entanto quando não se trata de uma dor física, mas emocional, muitos recorrem ao mais fácil. Tudo pelo medo de encarar o estrago e se reconstruir. Medo desse espelho que reflete a nossa alma, sem que possamos contar com os filtros das redes sociais para mascarar o que for possível, inclusive nós mesmos.

...ENQUANTO A FELICIDADE NÃO VEM...

Se estamos atentos, com tempo para olhar dentro de nós de vez em quando, podemos encontrar desilusões, tristeza, sofrimento, luto. Ao acolhermos esses sentimentos, conseguimos investigar de onde eles vêm, o quanto são profundos, se daremos conta deles em silêncio ou se será necessário um grito de socorro. Isso ocorre porque a depressão e suas variadas facetas não são brincadeira. Quando essa doença está num estágio grave, não dá para tentar se curar sozinho e ela aparece em níveis e com características muito únicas. Basta ouvir a história de quem passa ou passou por isso. A depressão pode acompanhar alguém a vida toda, pode ser leve ou provocar crises agudas, que impedem a pessoa até de se levantar da cama. A fome desaparece, o sono se esvai ou então se excede e vira fuga; tudo cansa, irrita ou acaba convencendo a pessoa de que somos todos inúteis, andando em círculos numa vida sem sentido. Fazer a cabeça lembrar de que tudo passa – e passa mesmo – não é fácil para quem está vivenciando esses momentos. E não tem nada a ver com sua capacidade de assimilar informações. Só quem já enfrentou um quadro grave de depressão descobre o abismo que se abre diante de si.

Estar deprimido é sentir que toda a sua energia vital foi sugada, não há como ter força de vontade suficiente para mudar a realidade. A ajuda de especialistas é uma parte essencial da cura, para a pessoa sair da estaca zero. Por isso acho uma atitude responsável não minimizar nossos problemas em comparação com os dos outros, nem julgar a dor alheia, esquecendo que, em nosso mundo particular e íntimo, "todo mundo sabe onde seu calo aperta". Ninguém sabe de onde surgiu essa afirmação, mas ela jamais vai perder a validade, principalmente em tempos que nos convidam a refletir, cada vez mais, sobre a compaixão. Cada um conhece o seu próprio oceano interior. Cada um sabe a dor e a delícia de ser quem é. Não é racional. Não é uma fórmula. Por isso não nos cabe julgar o sofrimento alheio. É como se fôssemos um remador profissional vendo uma pessoa dentro de um caiaque, sem conseguir sair do lugar, e começássemos a gritar: "Vai! É só remar!". Para nós, algo lógico, óbvio. E ao vermos a inaptidão da pessoa em fazer o óbvio, ficamos inconformados, revoltados. Daí remamos até a pessoa em apuros, chegamos lá e perguntamos, furiosos: "Por que você não está remando?!". E só de perto percebemos que os braços da pessoa estão paralisados. Ela estava impossibilitada de remar naquele momento. Mas, de longe, nós a criticamos por tal atitude em relação a si mesma.

Talvez você se sinta essa pessoa, incapaz de remar nesse oceano profundo. Se passar por algo parecido, busque ajuda e, se observar alguém perdido, estenda a mão, sem julgar, sem pressionar. Não force. Não brigue. Fique ali, remando com ela.

O exemplo mais marcante que tenho do que *não* fazer com uma pessoa em estado depressivo é obrigá-la a se levantar da cama, abrir as cortinas do quarto e dizer para que ela sinta o sol entrar. Por que não dar apenas um abraço até que ela ganhe forças e se levante por si mesma? Dar atenção, carinho, afago e cuidado pode ser um dos caminhos mais seguros para ajudar

...ENQUANTO A FELICIDADE NÃO VEM...

alguém deprimido. Dizer à pessoa: "Você não está só!". Tenho certeza de que essa pequena atitude fará toda a diferença para alguém que esteja no abismo da depressão.

Agora, quando a tristeza for aparentemente temporária, sem que leve a preocupações maiores, há alguns caminhos para lidar com ela de maneira mais tranquila. Não que eles possam acabar com a tristeza, mas podem nos ajudar a passar por ela com mais esperança. Não dá para fingir que não estamos tristes. Então por que não encarar esse incômodo? Vivenciá-lo e entendê-lo?

Um desses caminhos é pensar: como vou poder ser feliz se nunca experimentar a tristeza? Como saberei a diferença entre tristeza e felicidade se tiver uma vida só de glórias, do início ao fim? Como vou saber se algo é doce se nunca experimentar outros sabores, para distingui-lo do que é amargo, salgado, azedo? Como sentir saudade se eu nunca ficar longe de quem amo?

Cada vivência é uma grande experiência que nos dá repertório para distinguir o que nos serve do que não nos serve. Os tempos ruins não são só motivo de aprendizado, porque também aprendemos na felicidade. Acho que eles existem simplesmente porque fazem parte de como o universo funciona.

A dualidade está presente no mundo. Há dia e noite, calor e frio, longe e perto. Mas também existe o crepúsculo, que está entre um e outro; uma chuva que refresca o dia quente e uma pousada que fica no meio do caminho. Se os extremos existem, também pode ser útil saber que o caminho do meio é sempre o mais harmônico.

Buda prega o caminho do meio, o equilíbrio, e é nele que encontramos a paz e talvez a felicidade. Acredito muito nessa sabedoria. Um grupo que age com rigor contra as injustiças pode servir de incentivo para uma sociedade inerte. Mas, se o mundo todo agir com o mesmo ímpeto, uma luta social se transforma numa guerra sem sentido.

O perigo da revolta é perdermos a razão. Ponderação: pensar antes de agir. No meio de uma revolta, muitos daqueles que lutam cegamente, quando questionados sobre as motivações da batalha, não sabem a resposta. Se esqueceram. Ou foram no embalo do momento. Nós precisamos escolher nossas batalhas, assim como saber quando precisamos de mais tempo para encará-las.

Eu sei, as chuvas podem durar semanas ou meses, causar inundações e desastres naturais que assolam e dizimam centenas de pessoas em situações de vulnerabilidade. Isso pode até nos levar a perguntar se "a felicidade é para todos".

Pensei sobre isso ao ver a obra da artista plástica paulistana Verena Smit, que está na fachada da Biblioteca Mário de Andrade, em São Paulo. No letreiro luminoso e grande, lê-se a frase "A felicidade é para todos" com um ponto de interrogação piscante, que some por alguns segundos. Quando lemos a frase como uma afirmação, a alegria e o otimismo tomam conta do nosso coração, mesmo que a obra de arte esteja numa das zonas mais deterioradas da cidade. Quando a interrogação aparece, nos surpreendendo, sentimos um desânimo e nos vêm os

...ENQUANTO A FELICIDADE NÃO VEM...

questionamentos: "Nossa, será que existe alguém que não possa ser feliz ou que nunca vá alcançar a felicidade?".

Será que isso não depende do tipo de felicidade que se busca? Aquelas pessoas que vivem nas ruas, em volta dessa biblioteca, conseguem se perguntar se são ou serão felizes um dia? Podemos ter certeza de que todas elas são infelizes ou já estiveram em situação pior ou melhor? Não há como saber.

Podemos ser razoáveis e, quando possível, ajudar quem nos pedir socorro, sem fazer nenhum julgamento. Por que, afinal, você gostaria de ser julgado? A régua que mede a felicidade é sua. Mesmo quando jurarem que você é infeliz, você poderá ter certeza de que está muito melhor do que essa pessoa imagina. E o contrário também acontece, quantos gostariam de ter a vida que você tem e nem fazem ideia das batalhas que você enfrenta.

Permita-me, caro leitor, fazer uma provocação aqui, sem me aprofundar em demasia, mas para analisar essa tal felicidade sob outro prisma: e se projetamos a nossa felicidade, propositalmente, em algo inatingível? Será que, ao fazer isso, não estamos tentando encontrar uma desculpa que justifique por que ainda não somos felizes? Ou não estaremos até mesmo desvalorizando o que já temos no momento? Logo, é óbvio que estou triste, insatisfeito... O que eu quero está longe. Mas... por que fazemos isso? Talvez seja o medo de estabelecer um objetivo menos ambicioso, alcançá-lo e, ainda assim, não se sentir realizado. Mas o oposto também pode acontecer. Alcançar objetivos e metas menores também pode nos fazer constatar que precisamos de muito menos do que imaginávamos para ser felizes. É um pensamento, no mínimo, intrigante, não acha?

A tristeza nos prega peças, porque ela pode vir dissimulada de êxtase, algo muito parecido com a alegria histérica e a felicidade tóxica de que já falamos. Sabe aquela estratégia de fingir que está tudo bem para não pensar? Encher a agenda com atividades, compromissos e tarefas para se ocupar de tudo menos de si mesmo? Algumas pessoas ansiosas parecem extremamente produtivas e cheias de vigor, mas toda essa energia é canalizada apenas naquilo que virá. O ansioso parece produtivo, mas ele vive travado, pensando no futuro, sem conseguir agir para chegar aonde quer. E está sempre cansado, esgotado e sem muita felicidade. Precisamos cuidar da nossa saúde mental com carinho e atenção constantes para não ficarmos presos a armadilhas como essas. É no dia a dia que a gente constrói a tal felicidade, e isso não é simples. Apesar de ser um grande desafio se manter atento, acredito que as pequenas alegrias estão nos dias em que temos energia para cuidar do presente, usando tudo aquilo que aprendemos no passado, sem deixar de sonhar com o futuro. O equilíbrio, sempre o equilíbrio.

Aliás, toda essa tendência à depressão pela qual a humanidade está passando de forma epidêmica pode ter inúmeros fatores, que merecem ser avaliados e estudados por profissionais da área e interessados no assunto. Uma das causas mais frequentes desse fenômeno mundial é a aceleração absurda em que vivemos, aliada ao consumismo do qual tanto falamos ao longo do livro.

O trabalho excessivo, a pressão pelo sucesso, o vazio existencial deixado pela busca do lucro incessante, de produzir e "performar" cada vez mais. Ser belo, ter prestígio, fama e popularidade garante a ilusão do passaporte da felicidade para alguns. A vida que levamos hoje, se for embasada somente nesses pilares, com certeza levará à depressão, pois ela está cheia de mitos sobre a felicidade que surgiram antes de toda essa virada tecnológica e de comportamento. Nascidos ou não na geração das telas, nossa família e grupos sociais ainda insistem em repetir esses padrões. Como se não bastasse ter de lidar com uma sociedade absurdamente acelerada, somos cobrados por tudo e por todos, e às vezes (muitas vezes, na realidade) até por nós mesmos, para que sejamos felizes de maneira sobre-humana.

Capítulo 7

A coragem de amar

"Amar não acaba. É como se o mundo estivesse à minha espera. E eu vou ao encontro do que me espera."

— Clarice Lispector, *A Descoberta do Mundo*

Em algum momento da nossa vida, temos a sensação de que todas as pessoas à nossa volta são felizes, porque assim aparentam. Aí ficamos com a ideia de que não estar contente o tempo todo nos afasta do que é normal. Caímos naquela armadilha mental de que só seremos felizes quando tivermos o que aquelas pessoas já conquistaram ou depois que já estivermos casados ou formados na faculdade, ou já tivermos posto fim num relacionamento tóxico, conquistado um bom salário

ANDRÉ MANTOVANNI

ou mudado do bairro ou da casa de que não gostamos... A lista é infinita e só contém definições rasas e fáceis do que é felicidade. Enquanto for assim, vamos nos sentir frustrados, muito frustrados. Mas ocorre o contrário também: quando algo ruim acontece, a sensação é de que a infelicidade durará para sempre. A falta de um par romântico, de um filho ou de uma casa própria não deve ser considerada uma sentença, sem direito a recurso. Creio que muitas pessoas que acreditam nisso talvez nem precisem dessas coisas de fato para serem realmente felizes.

Por que, então, não respirar fundo e sentir o que queremos? E me atrevo a ir mais longe: por que se apoiar na lógica básica das vontades alheias? Eu não posso gostar de ser solteiro? Uma mulher precisa se sentir péssima por não ter vontade de ser mãe? Todo mundo tem que gostar de viajar? E se eu não sonhar em ser empreendedor e ganhar milhões? Todos devemos apreciar as mesmas coisas? Temos que seguir os mesmos padrões familiares e sociais? E se uma relação afetiva foi, por um longo período, muito bacana, mas agora perdeu o sentido para mim? Pense em quantas décadas se passaram sem que considerássemos o divórcio uma possibilidade legal ou natural, porque era moralmente absurdo um casal unido pelo laço sagrado do matrimônio assumir que a união não deu certo.

Aliás, a ideia de amor romântico incutida principalmente nas mulheres desde a infância é potencialmente destruidora. A crença de que a vida de uma mulher só tem significado se ela estiver ao lado de um homem ainda paira no inconsciente

...ENQUANTO A FELICIDADE NÃO VEM...

coletivo (às vezes de maneira consciente) e algumas pessoas ainda consideram os homens casados mais responsáveis do que os solteiros, vistos como imaturos.

Podemos, sim, sair da casa dos nossos pais, sermos adultos e responsáveis, sem precisar da companhia de outra pessoa ou do sonho de ter filhos. Romper esse tipo de crença nos liberta e dá espaço para buscarmos o amor verdadeiro. Quem não tem um amigo que se casou cedo sem nem saber por que e se viu mais velho e angustiado por não ter aproveitado a vida de outra forma? Claro que existem os que se casaram jovens e acertaram, porque sabiam o que estavam buscando ou até porque essa era a escolha mais feliz para eles. Mas é preciso ter isso muito claro para não ceder à tentação de ter pressa para viver o amor recíproco e verdadeiro.

No amor, também aprendemos a ideia de que o sofrimento faz parte da experiência de estar vivo. Não ser correspondido dói demais, sentir-se sozinho quando todos os amigos namoram ou já se casaram também dá uma certa angústia, mas tudo isso faz parte do processo, que é diferente para cada um. O importante é que as relações e o amor sejam genuínos e verdadeiros.

Sofra pelo fim porque muitas vezes ele é inevitável, mas com a esperança de que essa ferida vai se tornar uma cicatriz e lhe dará mais uma história para contar. Tenha a certeza de que, com esse término, você aprendeu mais a respeito da natureza humana e sobre si mesmo, porque é nas relações que mais aprendemos sobre nós mesmos. Seus amores são só seus. Sua paz

❄ ❄ ❄

Não fuja do amor, nem corra atrás dele, apenas vivencie as experiências. Conheça as pessoas, aprofunde a relação ou afaste-se quando perceber que o outro não está disposto a ser vulnerável, a se abrir.

Não se arrependa do que tentou, do que viveu.

❄ ❄ ❄

é só sua. Suas distrações devem fazer sentido para você apenas. Existem aqueles que relaxam vendo um filme em casa. Existem outros que preferem o agito de uma balada. Ou que preferem fugir para a praia ou para o interior, indo ao encontro da natureza. Também há aqueles que preferem comer um prato mais elaborado e tomar um bom vinho, e aqueles que buscam a reclusão espiritual e a meditação. E você pode ser cada uma dessas pessoas, dependendo do dia. Porque teve a coragem de olhar para o espelho interior e reconhecer qual parte sua estava ali, pedindo atenção naquele momento.

❋ ❋ ❋

Comemore as fases de sua vida, na ordem natural em que elas acontecem.

❋ ❋ ❋

Existe também a dificuldade de vivenciar o vazio, a pausa, a falta de solução, e esse é um dos principais dramas que envolvem as facilidades da vida moderna. Não existe aplicativo para alcançar a felicidade. Se existir, não acredito que ele faça sentido. Porém, nestes tempos em que estamos vivendo, criou-se o mito de que tudo está ao nosso alcance e que a maioria das coisas

ANDRÉ MANTOVANNI

pode ser resolvida com uma solução tecnológica, mágica ou superficial. Assim nos tornamos adultos infantilizados, que não aceitam que muitas coisas precisam ser feitas, outras milhares, sentidas – e é aí que está a grande alegria de viver e o mistério existencial de cada um de nós.

Outro dia mesmo, vi um aplicativo que prometia o corpo dos seus sonhos se você seguisse rigorosamente a rotina de exercícios e a dieta sugerida pelo chamado "grupo de especialistas". Um grupo que não conhece você, que não o examinou e nem sabe qual é o seu "corpo dos sonhos". Além do aplicativo pressupor que todos queremos ser iguais, com um corpo padronizado, ele também supõe que todos podemos partir do mesmo ponto, negligenciando nosso histórico muscular, médico ou mental. Então pessoas angustiadas com sua insatisfação pessoal recorrem a um aplicativo como esse e, quando não atingem o tal "corpo dos sonhos" no tempo previsto, não vão culpar o péssimo aplicativo. Vão culpar a si mesmas, se achar incompetentes e se frustrar à toa.

Viveremos frustrações diversas ao longo da vida, como não sermos aceitos pelos colegas de trabalho, pelos amigos, por alguns familiares e até pela pessoa que amamos. Quando temos a grande chance de ter uma casa, ela pode não ser do tamanho que imaginamos. O emprego que sonhamos pode não ser tão agradável quanto pensávamos e nos exigir muito mais tempo do que previramos. E assim é a vida que verdadeiramente encaramos – ilusões e realidades contrastando o tempo todo.

...ENQUANTO A FELICIDADE NÃO VEM...

Saber lidar com altos e baixos é o que nos faz humanos, é a prova de que temos alma. Acho lindo pensar dessa forma. É magnífico termos esse poder de testemunhar uma vida complexa e ainda sermos agentes dela. Conduzir a vida e ver no que vai dar, deliciar-se com esses resultados, mesmo quando a surpresa não é tão boa.

Você foi surpreendido por algo que não esperava? Como seria se você fizesse diferente, se tentasse descobrir como as outras pessoas fizeram? Viver é um grande laboratório de emoções. Quando grandes cientistas realizam experimentos, agindo com responsabilidade e ética (sem maltratar animais, nem colocar seres humanos em risco), podem fazer descobertas incríveis. O resultado do experimento pode ser negativo (de que a teoria que querem comprovar está equivocada) ou muito positivo. Mas essas descobertas só os motivam a levar adiante a sua pesquisa.

Por que não fazermos o mesmo com a nossa própria vida? Vamos experimentar, tentar coisas novas ou até desistir de outras que só mantemos por um orgulho bobo e por vaidade. E a vaidade em excesso nos cega. Assim como o orgulho, que é importante para a nossa autoestima, mas esconde a nossa vulnerabilidade.

Sim! Somos seres vulneráveis, precisamos de ajuda e apoio, nascemos para nos relacionar e nem sempre estamos certos. Mudar a rota não é simples e é ainda mais difícil para quem tem vaidade e orgulho em excesso. Aceitar a nossa fragilidade e a possibilidade de que tudo dê errado é o primeiro passo para fortalecer a nossa coragem de seguir em frente, quebrar regras, mudar conceitos antigos.

O exercício de abraçar a vulnerabilidade pode começar dentro de nós mesmos, com uma reflexão sobre o que nos provoca mais medo ou vergonha e se essas emoções não estão nos bloqueando de algum modo, nos impedindo de satisfazer anseios importantes ou tirando a nossa coragem de seguir o curso da vida rumo a realização desses sonhos. Ser tímido ou inseguro demais para fazer uma pergunta cuja resposta é importante para você pode deixá-lo na dúvida durante anos. Parar um desconhecido na rua para perguntar o melhor caminho até o seu destino vai evitar que você se perca. Medo de bater na porta de um vizinho para pedir ajuda, medo de puxar conversa com alguém cuja amizade você deseja, medo de fazer uma viagem sozinho... os medos são muitos, uma lista infinita de medos ilusórios.

❄ ❄ ❄

Seus medos e suas inseguranças protegem você de coisas ruins ou o impedem de dar novos passos? Você já se perguntou, também, por que você continua fazendo algumas coisas que não mais lhe dão prazer?

❄ ❄ ❄

...ENQUANTO A FELICIDADE NÃO VEM...

Quando ouvimos no noticiário que uma celebridade abriu mão da sua carreira artística para realizar o sonho de produzir queijo numa fazenda no interior, isso não nos dá um frio na barriga? E quando sabemos de alguém que pegou as últimas economias que tinha e apostou num trabalho em outro estado? Virar a mesa nem sempre é o que precisamos, mas largar algo pela metade não é crime. Desistir de um projeto para apostar em outro deveria ser menos traumático. Devemos deixar velhos hábitos para trás quando percebemos que eles não fazem mais sentido algum. Muitas vezes, nós os mantemos só porque isso faz com que "ganhemos pontos" com alguém ou porque queremos fazer bonito na frente de um grupo. Pode até ser um jantar semanal com velhos amigos cuja conversa já não nos atrai mais. A mudança de hábitos é uma maneira bonita de sermos agentes de nossa própria mudança, sem ficar à espera de uma solução externa.

Essa coragem de mudar hábitos, investir em novos relacionamentos, abraçar uma nova profissão ou, mesmo tardiamente, decidir ter um filho está relaciomada com a aceitação da nossa vulnerabilidade. Porque ser vulnerável é saber que não há garantias de que tudo isso vai dar certo. Quando tomamos uma grande decisão, muitas dúvidas surgem na nossa cabeça. Será que minha vida vai mudar de fato se eu deixar de fazer isso? Posso perder dinheiro se mudar o rumo de um projeto? Será que meu filho será uma boa pessoa e vai me amar? Se ficarmos presos a essas dúvidas, jamais nos libertaremos das nossas pequenas prisões mentais e cairemos na inércia e na depressão.

ANDRÉ MANTOVANNI

❄   ❄   ❄

Expectativa é uma vendedora traiçoeira. Ela carrega muitas promessas. Quando fazemos algo com o objetivo de alcançar um determinado resultado, estamos depositando nosso desejo em algo que não é garantido.

❄   ❄   ❄

A vida não é previsível e, quando nos desapegamos das nossas expectativas, começamos a apreciar essa imprevisibilidade. O inesperado. Agora, quando criamos expectativas, não percebemos que elas se alimentam de uma narrativa sempre perfeita. Elas prometem o tal final feliz. Vou me programar para fazer a melhor viagem da minha vida para o lugar que sempre sonhei conhecer. Vou oferecer o fim de semana perfeito para a pessoa que amo e isso a fará se apaixonar mais por mim. Quando fazemos algo projetando um resultado ideal, qualquer coisa que fuja do ideal nos desagrada e gera tristeza e frustração. Se na tal viagem, chover ou algo no roteiro fugir do planejado, isso já nos deixa irritados e nos faz perder a alegria de estar ali. No relacionamento, se o outro não se emociona com o que fazemos ou se, no dia seguinte, parecer que não fizemos nada, já

❄ ❄ ❄

Na vida, nada tem
garantia, mas as mudanças
só acontecem quando
seguimos em frente na
nossa caminhada. Ajustes
precisarão ser feitos
a todo o momento.

❄ ❄ ❄

começamos a criar antipatia pela pessoa. Claro que fazemos as coisas desejando bons resultados, mas, se lembrarmos que o mundo é um grande organismo vivo, cheio de vontades próprias, que o destino e as outras pessoas não estão sob o nosso controle, podemos nos sentir mais em paz. Não possuímos esse poder, portanto, não temos obrigação de apresentar resultados perfeitos.

Você começa a preparar um prato e vai sentindo se precisa pôr mais sal, se é uma boa ideia acrescentar mais temperos ou se o molho desandou e é melhor começar tudo de novo.

Enquanto guiamos o barco da nossa vida, somos nós que decidimos a velocidade em que ele avança, afinal, cada um tem seu ritmo. Haverá tempos de paz e estabilidade, mas não podemos ficar parados, a vida nos obriga a avançar.

Fazer escolhas, refletir, recalcular rotas são, todas essas, ações que vêm de nossa razão, mas que também podem ser inspiradas pelo coração, a morada da nossa alma. Atos mais calculados, ponderados e planejados fazem parte da vida. Mas será que não está faltando alguma magia em muitos desses cálculos e planejamentos?

Aposto que você deve ter a lembrança de pelo menos uma ocasião em que ouviu o coração, fez o que a sua alma pediu e isso lhe fez muito bem, lhe trazendo felicidade. Então, por que não deixar que isso seja mais frequente no seu dia a dia?

Capítulo 8

O despertar interior

"Para a beleza é imperioso acreditar. Quem não acredita não está preparado para ser melhor do que já é. Até para ver a realidade é importante acreditar."

- Valter Hugo Mãe, As Mais Belas Coisas do Mundo

Para conseguir lidar com as dificuldades, medos e inseguranças das quais falamos anteriormente, é necessário autoconhecimento, mas também a prática da espiritualidade, sem que seja preciso falar de religião, se assim você preferir.

ANDRÉ MANTOVANNI

❄   ❄   ❄

O universo é infinito, misterioso, e é compreensível que nos apeguemos a coisas que ainda não conseguimos explicar, mas que podem ser valiosas para nos trazer ânimo, fé e esperança. A espiritualidade está presente em nosso dia a dia e representa uma grande parte da nossa busca pela felicidade. E ela é ainda mais necessária quando essa razão da qual falamos (a cabeça que toma decisões, que faz planos, que procura novos caminhos) já não é suficiente.

❄   ❄   ❄

Receber o diagnóstico de uma doença rara ou incurável, perder alguém numa tragédia ou ser vítima de uma catástrofe são acontecimentos inesperados, nunca planejados, e que, por mais que tentemos dar o melhor de nós, fogem ao nosso controle. Então como podemos estar preparados para isso?

Acredito que estar respaldado por valores espirituais pode ser um caminho, mas, como nada é absoluto, não existe uma resposta pronta para essa pergunta. Até porque, diante de fatos como esses, a nossa forma de pensar e sentir muda. Será parte da experiência se apegar àquilo em que sempre acreditamos ou colocar tudo em dúvida novamente.

É sempre tempo de rever conceitos, de aproveitar esses momentos para buscar conforto nestas reflexões: o que somos, para onde vamos, de onde viemos. Utilizo a palavra "conforto" porque acho fascinante que essas perguntas ainda estejam em aberto, o que nos dá a oportunidade de formular as respostas que mais fazem sentido para a nossa alma. Quem sabe um dia, tudo será revelado? Mas, enquanto não é, que tal tentar decifrar esse mistério do jeito que a nossa alma consegue?

Compreendo que somos filhos desta terra, que nasceu de explosões do universo e nos tornou parte de tudo isso. Somos descendentes de muitas galáxias e nossa alma se conecta com a eternidade. Há um campo magnético que nos une? Acredito que sim. Estamos todos conectados de alguma maneira, consciente ou inconscientemente. A teia da vida é gigantesca e faz sentido acreditar que tudo está no seu devido lugar.

A espiritualidade genuína está além dos templos, das igrejas e de outros locais físicos. Ela pode estar num sorriso, numa gentileza, em pensamentos bons e positivos, no recolhimento para aquietar a mente, no silêncio interior, no hábito de não dificultar o caminho do outro, de ouvir mais, de ser empático – tudo isso me faz sentir que a paz faz parte do meu dia. Sinto que as coisas acontecem e fluem de forma mais natural quando gero energias boas dentro e fora de mim. A mente se tranquiliza e a alma se expande quando gero tais vibrações e tenho essas atitudes.

Por outro lado, quando entro num ambiente conflituoso, de muito tumulto, minha mente se enche de informações desconexas, vem o cansaço, um peso na alma e às vezes até no corpo físico. Dá vontade de buscar novamente aquela sensação de paz e silêncio, fazer algo que possa mudar essa vibração. Avalio o que pode me tirar desse tormento aos poucos. Algumas pessoas utilizam rituais, mas sem a necessidade de seguir alguém ou alguma crença. O ser humano precisa de rituais para se conectar com o que é sagrado.

Quem segue uma religião, participa de ritos, cultos, que ajudam a recarregar as energias, mas a fé não precisa estar ligada a um dogma ou uma divindade única e específica, nem ser celebrada de forma coletiva. Ela está conectada com o nosso eu interior, com o ato de ouvir o coração e a intuição, contemplar e respeitar a natureza, olhar para as estrelas e sentir o universo dentro de nós.

Às vezes, me pego pensando na beleza que existe na comunicação com esse infinito particular, me vejo como um pequenino grão de areia na vastidão deste mundo, mas sabendo que sou parte dele. E que eu reverbero com ele. Penso nos índios, em suas diferentes etnias e nos vários locais do mundo que habitam. Desde os tempos pré-coloniais, quando passam por um período de grande seca, eles entoam cânticos e dançam para que a chuva venha e, quando a chuva toma a forma de violentas tempestades, eles fazem o mesmo, pedindo pela estiagem.

...ENQUANTO A FELICIDADE NÃO VEM...

Um cético pode olhar para isso e dizer que a chuva ia parar de qualquer jeito ou viria conforme as condições climáticas. Mas não é uma questão de acreditar que você trouxe a chuva ou a fez cessar. Tal pensamento seria egocentrismo. Os índios não se acham poderosos como um deus. Existe, isto sim, respeito, integração e reverência por algo maior que eles. Não é a razão. É a fé. É a conexão com algo maior. Com a teia da vida, da qual se sentem parte e todo ao mesmo tempo. A fé da qual falo aqui me traz a sensação de que estou em sintonia com forças superiores e fora do meu controle. E que ação gera reação, um princípio básico de causa e efeito, correlacionado também aos ritmos energéticos do universo, como a Lei do Retorno. Por isso temos que estar em estado de atenção e também olhar para a recompensa que pode chegar. Sem expectativas, mas abertos ao que a vida pode nos trazer.

Acender velas e incensos; colocar uma música calma ou animada, dependendo do gosto ou estado de espírito; recolher-se para ler um livro ou dançar conforme o corpo pedir, sem ter ninguém assistindo, pode ser o melhor caminho para alguns. Tomar um banho quente com ervas ou não, deitar na grama, andar descalço sentindo a terra, ou até mesmo reservar um tempo para rezar ou meditar são rituais. E rituais, além de nos conectarem com o sagrado, podem ser um tempo para nos dedicarmos ao que nos faz plenamente felizes, sem depender de nada ou de ninguém.

Um sábio hindu chamado Ramana Maharshi conta que o divisor de águas da vida dele foi o dia em que descobriu que o seu "eu" não era exatamente o seu corpo, mas tudo o que estava dentro dele, do seu coração, da sua mente. Ele era adolescente quando teve a sensação de que iria morrer. Em vez de sentir medo, ele se deitou e se fingiu de morto, tentando reproduzir a experiência de partir. Ficou ali refletindo e começou a entender que, se algo lhe ocorresse naquele momento, os seus órgãos iriam falhar e todo o organismo deixaria de funcionar. Ele tinha certeza, no entanto, de que não deixaria de ser quem era. A sua essência, a sua mente e o seu coração não poderiam ser tirados dele. Esse foi o primeiro passo para o caminho de iluminação que o levou a ser conhecido mundialmente.

Seu primeiro livro, no qual ele conta essa experiência, chama-se *Quem Sou Eu*. Nessa obra, ele convida as pessoas a se aprofundarem nesse autoconhecimento, para que possam partir numa caminhada rumo à transformação. Ele fala também de felicidade, claro, pois qual guru do mundo já não foi questionado sobre ela? Para ele, essa emoção (ou estado de ser) tem uma relação direta com o amor-próprio, com a conexão que temos com nós mesmos. O que vem de fora teria pouca participação nesse sentimento. Entendo que a ideia transmitida aqui é a de que sempre devemos nos voltar para dentro a fim de conseguir recuperar a plenitude da vida. Nas palavras desse sábio:

A felicidade é a própria natureza do "Eu"; a felicidade e o "Eu" não são diferentes. Não há felicidade em nenhum objeto do mundo. Imaginamos, por ignorância, que derivamos a felicidade dos objetos. Quando, na mente, experimentamos infelicidade. Na verdade, quando seus desejos são satisfeitos, a mente volta ao seu lugar e desfruta da felicidade que é o "eu". Da mesma forma, nos estados de sono, de samadhi [iluminação total] e desmaio, e quando o objeto desejado é obtido, ou o objeto desagradável é removido, a mente volta-se para dentro e desfruta da pura felicidade. Assim, a mente se move sem descanso, saindo alternadamente do "eu" e retornando a ele. Sob a árvore a sombra é agradável; ao ar livre o calor é escaldante. Uma pessoa que anda ao sol sente-se fresca quando chega à sombra. Alguém que continua indo da sombra para o sol e depois voltando para a sombra é um tolo. Um homem sábio fica permanentemente na sombra. Da mesma forma, a mente daquele que conhece a verdade não deixa Brahman [o Absoluto, a Realidade Suprema]. A mente do ignorante, ao contrário, gira no mundo, sentindo-se infeliz, e por algum tempo retorna a Brahman para experimentar a felicidade. Na verdade, o que se chama de mundo é apenas pensamento. Quando o mundo desaparece, ou seja, quando não há pensamento, a mente experimenta a felicidade; e quando o mundo aparece, passa pela infelicidade.[14]

---

14. Maharshi, Ramana. *Who Am I. The Teachings of Bhagavan Sri Ramana Maharshi*. Monchique, Portugal: Centro de Retiros Karuna, 2015, p. 13.

ANDRÉ MANTOVANNI

Esse homem viveu no século XIX, na Índia, o berço do hinduísmo, e teve uma experiência na sua adolescência que o levou a despertar para uma nova vida. Nós, brasileiros, que vivemos em outra realidade, outra cultura, outra época, podemos partir em busca do nosso próprio despertar, seja por uma experiência mística, a partir de fatos da vida ou das novas conexões que construímos. Refiro-me também à experiência de ter sentimentos como gratidão, empatia, amor, paz, perdão. Despertar no sentido de criar consciência de quem somos e do que somos capazes. Essa lucidez pode nos abrir para uma realidade na qual há mais possibilidades do que imaginamos.

O mundo é grande e o ser humano é complexo demais para se contentar com algumas poucas soluções para um problema. Os pontos de vista são infinitos, o desafio é encontrá-los.

Quando estamos imersos num grande problema, a nossa tendência é fugir da lucidez e deixar a mente vagar na escuridão, no desespero. Mas também temos um belo e luminoso caminho para descobrir e percorrer: a fé. Mas será que a compreendemos de maneira sábia e profunda? Algumas pessoas, sim, outras, no entanto, confundem fé com fanatismo.

Para mim, a fé é uma crença profunda e verdadeira, que está além de qualquer conceito religioso. Então por que não saímos em busca de uma fé mais verdadeira e consciente? Aquela fé que nos faz encontrar beleza dentro de nós mesmos. Aquela fé que nos faz vencer as mais diversas barreiras que enfrentamos no decorrer da vida e seguir em frente.

...ENQUANTO A FELICIDADE NÃO VEM...

Antes de responder a essa pergunta e avançar nesse tema, vamos precisar parar, meditar, dar um passo para trás e nos perguntar: onde está a nossa fé?

Capítulo 9

A felicidade que está além da razão

*"A esperança tem asas. Faz a alma voar.
Canta a melodia mesmo sem saber a letra.
E nunca desiste. Nunca."*

– Emily Dickinson, *"A Esperança Tem Asas"*

Como você está se sentindo agora em relação a todas as reflexões que propus até aqui? Quero avançar mais um pouco, ir além das coisas que podemos explicar sob a óptica da racionalidade e entrar no campo do mistério e da subjetividade do viver.

Para mim, essa dimensão sagrada e espiritual da humanidade tem tudo a ver com a fé. Como já mencionei, a fé não tem a ver com religião (às vezes, sim, mas nem sempre). Pessoas espiritualizadas são as que estão conectadas com a própria alma, que acreditam e têm fé de que somos mais do que mentes programadas para aprender e executar. Segundo a definição que me parece mais coerente, espiritualidade é a forma como se busca ou se expressa o sentido da vida, a conectividade consigo mesmo, com os outros e com o ambiente. A meu ver, é como vivenciamos as sutilezas da vida, como um simples nascer do sol ou o voejar de uma borboleta. Esses momentos podem ser reveladores, nos provando, de alguma maneira, que existem forças maiores do que nós.

Quando criança, sempre me encantei com o surgimento do arco-íris depois de uma chuva de verão. Tão magistral é esse fenômeno que surgiram histórias de que no final dele há um pote de ouro. Claro, a ciência nos mostra que o efeito do arco-íris não passa da difração da luz solar num prisma que projeta aquelas cores. Mas, para mim, a explicação científica não diminui a grandiosidade, a beleza, a poesia de um arco-íris. O fenômeno é maior que a razão. Ele a ultrapassa. Aliás, se pararmos para pensar, há tanta coisa mais complexa que nós no universo! Podem existir cerca de 17 bilhões de planetas parecidos com a Terra só na Via Láctea, que é apenas uma entre aproximadamente 2 trilhões, segundo a astronomia contemporânea.

...ENQUANTO A FELICIDADE NÃO VEM...

Você acha possível que, com tanta coisa lá fora, possamos ter a ilusão de que o homem sabe exatamente tudo sobre a vida? Em vista do nosso ínfimo tamanho neste universo infinito, não parece um tanto pretensioso que a nossa jovem espécie humana queira ter respostas para tudo? A ciência busca explicações e significados para muitas coisas e ela pode andar de mãos dadas com a espiritualidade, mas só a fé pode ajudar a compreender o inexplicável, trazer esperança quando tudo parece muito difícil, aumentar a nossa força quando já nos falta energia. Como diz a frase atribuída a Sócrates, "Só sei que nada sei". O filósofo partiu desse reconhecimento da sua própria ignorância para aceitar que ele não teria respostas para todas as coisas e nem chegaria sempre a conclusões exatas. Ainda assim, ele se entregava a reflexões, para ir além do conhecimento comum.

Às vezes nos pegamos brigando com a lógica e a racionalidade, teimando em viver de um determinado jeito, seguir um caminho óbvio, porque somos condicionados a associar aquele estilo de vida ao correto. Mas, quando abandonamos essa teimosia, quando aceitamos que podemos estar errados e assumimos que não sabemos a resposta certa, nem aonde o nosso barco da vida vai nos levar, ainda assim podemos velejar ao sabor das ondas. Seguir nossos instintos, mudar os planos.

Para ter dias melhores, precisamos de algumas ações determinantes, como mudar o nosso estilo de vida e a maneira como lidamos com o tempo, e adotar hábitos mais alinhados com a empatia, a compaixão e a solidariedade. Para apoiar essa busca, por que não lançamos mão de uma certa magia para iluminar nosso caminho? Seguir as estrelas, além da bússola? Muitas vezes, essa bússola está em nosso coração e é encontrada em meditações, cultos, rituais, sejam eles solitários ou em grupo, ligados ou não a uma crença religiosa.

Sabemos que muitos médicos e cientistas defendem a importância da espiritualidade. Um documento[15] produzido pela Sociedade Brasileira de Cardiologia cita a importância da espiritualidade para a saúde do coração. A primeira conclusão dos estudiosos é que pessoas espiritualizadas cuidam melhor do corpo e da mente. Ou seja, consomem menos bebidas alcoólicas, comem melhor, praticam exercícios. Do ponto de vista emocional, essas práticas levam a reflexões a respeito de esperança, perdão, conforto e amor.

Sobre o perdão especificamente, há estudos e pesquisas em diversas partes do mundo que o relacionam à prevenção de doenças cardíacas e outros males do corpo.

Indivíduos que praticam e desenvolvem a fé das mais diferentes formas também são relacionados à maior longevidade.

---

15. "Updated Cardiovascular Prevention Guideline of the Brazilian Society of Cardiology - 2019". Arquivos Brasileiros de Cardiologia, vol. 113, nº 4, 2019, pp. 787-891. Disponível em: https://www.scielo.br/j/abc/a/SMSYpcnccSgRnFCtfkKYTcp/?lang=en. Acesso em: 15 abr. 2023.

...ENQUANTO A FELICIDADE NÃO VEM...

A felicidade também é associada aos nossos hormônios. A serotonina, a endorfina, a oxitocina e a dopamina, por exemplo, são chamados de "quarteto da felicidade", pois são os responsáveis por provocar a sensação de felicidade. Conseguimos estimular a produção desses hormônios com atividade física, alimentação saudável, sono de qualidade e prática de atividades que nos dão prazer e alegria.

Os neurocientistas afirmam que práticas e hábitos como a gratidão, a resiliência e uma vida construída com base na ética e focada no presente colaboram para a construção de uma vida feliz. Por isso falo aqui da espiritualidade como um movimento interior, não como uma prática religiosa. Refiro-me à espiritualidade traduzida em ações benéficas, solidariedade e empatia. A grande maioria das pessoas afirma que é um homem ou uma mulher de fé. Na prática, porém, sabemos que esse discurso não se sustenta, pois suas ações não condizem com isso. Praticar a espiritualidade é também reverberar a própria energia para o outro, deixar transbordar o nosso bem interior para as pessoas à nossa volta e fazer a nossa parte para melhorar o mundo.

Compartilhei aqui algumas ideias e crenças que eu já cultivava, mas, ao escrever estas palavras e me dedicar a esse projeto de alma, refleti que tenho que me transformar ainda mais, ampliar meu olhar sobre a impermanência da vida, que é a riqueza e o mistério de nunca estarmos prontos, pois somos seres em constante transição. Por isso, muitas vezes, me pego surpreso com a mágica da repetição. Como os mantras, por exemplo, palavras ou frases repetidas várias vezes, para evocar energias. Pense no próprio pai-nosso, a oração repetida por todos os que creem nela como evocação de uma bênção. Orações nada mais são do que mantras. Repetições. E muitas vezes, ao repetirmos pensamentos, ao revisitarmos reflexões, reforçamos a nossa fé. Revisitar minhas angústias e meus momentos de tristeza e de busca pela felicidade me faz reviver sensações, repetir pensamentos. E me traz paz. Conforto. É como voltar a assistir um filme ou reler um livro favorito. Já sabemos o que vai acontecer e muitas vezes sabemos até os diálogos de cor. Mas por que sempre recorremos aos nossos velhos conhecidos? Porque a familiaridade nos traz conforto. Resgata sensações. E sempre descobrimos um detalhe que nos tinha passado despercebido, uma cena que antes não tinha batido tão forte, mas que, no momento em que a revemos, se comunica com a nossa realidade, muitas vezes subjetiva. E nos apaixonamos de novo pela mesma obra. Revisitar nossa trajetória de vida também nos ajuda a nos apaixonarmos novamente por nós mesmos.

Se o livro ainda nem acabou e eu já estou me sentindo transformado por compartilhar e refletir sobre tudo o que eu disse até aqui, espero que ao menos algumas destas páginas tenham provocado alguma mudança na sua alma, em seu coração, em sua maneira de viver. A nossa capacidade para trocar ideias, estabelecer vínculos, travar conversas e criar conexões com o mundo e as pessoas ajuda a ampliar a nossa visão sobre o que é experimentar a vida em suas múltiplas facetas.

...ENQUANTO A FELICIDADE NÃO VEM...

Claro, nem tudo está resolvido; assim como você, tenho um longo caminho a percorrer, muitas dúvidas existenciais a serem respondidas, mesmo porque somos todos transitoriedade e impermanência, lembra?

Nesse sentido, acho que já refletimos bastante sobre os caminhos e as alternativas que podem surgir de maneiras mais objetivas. Estou falando daquelas ideias que surgem com o nosso empenho para nos conhecer melhor, refletir, analisar, planejar, recalcular a rota da vida, buscar ajuda e sabedoria.

Mas e quando não é tão simples? Quando a vida nos testa, trazendo dificuldades mais complexas? Passa a ser um desafio dormir em paz, não se preocupar com o dia de amanhã. Ver seu corpo tomado por um estresse sem hora para acabar. Buscar como ninguém soluções nas ferramentas que já aprendemos a utilizar ou de que ouvimos falar, como a prática do relaxamento e da reflexão. Não é fácil mesmo lidar com aquilo de que não se tem controle ou que não é solucionado com dinheiro ou um plano estratégico. Como renovar a nossa alma, reiniciar nosso sistema, recomeçar diante desses desafios? Como seguir remando quando surgem furos no nosso barco ou as velas que o impulsionam se esgarçam?

Presumo que ter fé na vida é um recurso importante nessa hora. Já parou para pensar no que significa a palavra "fé"? É comum entre os religiosos, principalmente cristãos, associarem a fé com a existência de um Deus-Pai e jogar nele toda a responsabilidade por dias melhores. "Se Deus quiser", "Se Deus assim

145

ANDRÉ MANTOVANNI

permitir", "Se for da vontade de Deus", "Que Deus queira", "Que Deus abençoe", "Com fé em Deus", "Pelo Amor de Deus"... A caixa postal de pedidos e cobranças de Deus só vai enchendo. Muitos de nós acreditam que Ele é um ser superior que nos pune, mas que também nos traz alívio, e tudo vai depender de como nos comportamos. Para a maioria de nós, a fé está relacionada a algo exterior e muito maior. Porém, basta uma pesquisa simples num dicionário para descobrirmos que a fé é sinônimo de confiança, convicção, crédito.

O filósofo Sören Kierkegaard criou a expressão "salto de fé"[16], que aqui no Brasil adquiriu também o significado de "dar um voto de confiança". Mas o que acho atraente no sentido original da expressão é a associação da fé com uma ação. Dar um salto, ou seja, acreditar que vai dar certo e, simplesmente, seguir em frente.

Ter fé na vida é dar crédito a ela, é assumir que há conexões maiores que também estão dentro de nós e que, apesar de sermos

---

16. Na concepção filosófica proposta por Kierkegaard, essa expressão explica a ruptura do estágio ético (racional e estético) do homem para o estágio religioso da existência, num sentido mais amplo, que transcende inclusive as religiões organizadas, nos mostrando que, sim, podemos conviver com a angústia existencial presente em nós e, ao mesmo tempo, confiar em Deus, em Seus desígnios e Sua infinita sabedoria. E é justamente dessa forma paradoxal que a fé pode nos levar a transcender nossos estágios atuais de consciência. Como não há garantia nenhuma nesse "salto no escuro", é exatamente isso que nos transforma e nos tira dos estágios anteriores de consciência mais materiais, nos levando à transcendência. (N. do E.)

...ENQUANTO A FELICIDADE NÃO VEM...

esses pequenos seres que vivem à deriva neste planeta, podemos e devemos avançar e evoluir. Diante de um desafio, fazemos o que podemos e nos desdobramos, depois olhamos para o céu com a confiança de que fizemos nossa parte e o resto será realizado por outras mãos. É o mesmo diante da esperança, do desejo de se manter em estado de alegria ou de felicidade. Sentir essa fé nos empodera, porque é algo que legitimamente podemos sentir sozinhos, com o nosso Eu Superior, nosso Self. Você já passou por alguma situação, mesmo que muito passageira, na qual parece que algo mágico aconteceu? Você encontrou um amigo de quem sentia falta num lugar que jamais imaginou ou teve uma conversa no ônibus que lhe rendeu a oportunidade única de descobrir algo que você precisava muito saber? Essas maravilhas não precisam ser explicadas racionalmente, porque são aqueles mistérios que desabrocham nos pequenos ou grandes milagres que a vida nos traz.

Já ouviu falar em "serendipidade"? Essa é uma palavra de tradução recente em nosso idioma e que muitos corretores ortográficos digitais nem reconhecem, pois, por muito tempo, ela não costumava ser traduzida; usávamos a palavra original em inglês: "*serendipity*". Isso porque não existe um termo em português equivalente. Daí criou-se esse anglicismo.

"Serendipidade" é quando algo bom, feliz ou muito útil acontece naturalmente, sem que tenhamos nos programado para isso. É o feliz acaso, que acontece quando estamos abertos ao destino, quando não reduzimos nosso ponto de vista ou nossas crenças a uma só possibilidade e vivemos o agora conforme ele acontece. Deixamos a vida nos levar e somos surpreendidos por um golpe de sorte.

Até na área do Direito esse conceito já está sendo utilizado. Fala-se em serendipidade quando surge inesperadamente uma prova importante que pode resolver o caso. Viver aberto ao destino e acreditar nas possibilidades nos coloca no caminho da serendipidade. Que venha o que vier da melhor maneira possível.

Precisamos avançar, ir além do mundo físico e material. Além de alimentar nosso corpo, precisamos também fortalecer a nossa alma, alimentá-la de tudo aquilo que nos faz bem, que renova as nossas energias. Na primeira vez que perguntamos do que a nossa alma tem fome, pode ser difícil obter uma resposta satisfatória. Sempre que vivencio uma nova experiência, como ir a um lugar ao qual nunca fui, por exemplo, eu me pergunto no fim do dia se aquilo foi válido, se deve se repetir.

Quando você não sabe o que fazer, o primeiro exercício é o da busca, do teste, da experimentação. Você pode praticá-lo sozinho, dando uma volta no quarteirão, por exemplo, ou escrevendo para aquele amigo que não vê faz tempo e combinando um jantar ou um café da tarde em sua casa. Esse exercício também pode consistir em usar um talento que você tem, como cozinhar, e fazer um bolo com a desculpa da visita de um amigo. Também pode ser planejar uma viagem e, nesse planejamento, descobrir um local que nem sonhava um dia visitar. Uma cidade vizinha à qual você nunca foi pode ter histórias,

❄ ❄ ❄

Ter fé é apostar no desconhecido com coragem e a confiança de que na vida também podemos encontrar alegria, amor, encantamento e outras surpresas agradáveis. Aqueles sentimentos e emoções que podemos inclusive chamar de felicidade.

❄ ❄ ❄

curiosidades e experiências novas que enriqueçam a sua visão do mundo e das pessoas. Mudar o percurso da sua caminhada diária, conhecendo novas ruas, descobrindo um café novo no meio do caminho, uma árvore bonita, uma lojinha simpática, é viver a rotina experimentando as novidades.

Permitir-se olhar além do campo físico que nos rodeia é, ainda, uma forma de expandir a nossa consciência sobre quem somos e como nos relacionamos com as pessoas, os animais, o planeta e as nossas experiências. Cuidar da espiritualidade é dedicar parte do nosso tempo à reflexão sobre o que faz parte da nossa vida hoje, o que faz a diferença em nosso mundo pessoal e no mundo das outras pessoas; é resgatar o nosso melhor. É perguntar pelo que nos sentimos gratos e, se houver dificuldade para sentir essa gratidão, questionar se realmente estamos no caminho correto.

É possível se debruçar no invisível, em busca de ensinamentos que ajudem a dar esse crédito à vida e viver de uma maneira mais leve. Algumas pessoas vão precisar seguir alguma doutrina para se sentirem assim. Porém, isso não vale para todos. Quando temos a oportunidade de estudar diversas religiões, orientais e ocidentais, percebemos que existem semelhanças entre elas; muitos dos seus símbolos e deuses mudam apenas de nome ou elas têm mitologias parecidas. Porém, em cada uma delas sempre encontramos um pensamento ou uma doutrina que pode dar novo sentido à nossa vida.

Abraçar culturas diferentes e tirar delas o que têm de melhor é uma prática que sempre enriquece a nossa vida. Ateus que

...ENQUANTO A FELICIDADE NÃO VEM...

estudam religião, por exemplo, veem Jesus como um mestre, um homem que existiu e deixou registros. Não é preciso ser religioso para se encantar com os ensinamentos dele, que falam da importância do perdão, da empatia, da compaixão, de ajudar o próximo, de amar a vida e o que nos cercam, de respeitar os outros. Também não é preciso ser oriental ou reverenciar o Buda para ter a vida desse mestre como inspiração. Milhares de livros, revistas, vídeos e conteúdos da internet contam e recontam versões da história de vida desse homem chamado Sidarta Gautama, que viveu antes de Cristo, num reino próximo ao Himalaia, e refletiu sobre riqueza e pobreza, saúde e doença, os desejos humanos e, é claro, a felicidade.

Não é à toa que a sabedoria desses seres iluminados continua reverberando entre nós, em todos os cantos do mundo, até os dias de hoje. Tudo o que eles disseram é tão profundo, tão parte da nossa alma, que jamais se tornará ultrapassado. Esses mestres e sábios vieram para nos trazer lucidez, esperança, fé, e para nos lembrar da importância de nos mantermos reflexivos, atentos, sensíveis e fortes, sempre questionando os fatos da vida e buscando o sentido maior da existência.

Não importa se os conceitos relacionados à fé e à espiritualidade de uma pessoa foram aprendidos num templo hindu, num centro espírita, num terreiro de umbanda ou numa igreja cristã.

O ser humano gosta e, talvez até precise, de cultos e rituais para se sentir bem, seja um ritual religioso ou mesmo um banho de ervas aromáticas feito em casa. Os menos crentes podem se beneficiar apenas de um banho quente ou de alguns minutos de silêncio. Importante mesmo é encontrarmos maneiras de renovar a nossa fé, de nos revigorar e preservar a crença de que merecemos o que há de melhor na vida.

Todos conhecemos alguém que precisa, ao menos uma vez ao ano, tomar um banho de mar. E é nítido o quanto isso é benéfico para quem pratica esse ritual. Muitas vezes vi amigos entrarem naquela imensidão azul e saírem renovados, com um sorriso no rosto e uma leveza indescritível. Um simples banho de mar. E você? O que o renova?

Na vida, é comum entrarmos no piloto automático e executarmos as tarefas cotidianas sem pensar. Quando nos damos esse tempo, é como se estivéssemos mudando a estação de rádio para outra que toque melodias leves, como as da música clássica. Essa troca de conexão nos ajuda a expandir a consciência e a mergulhar no nosso eu. A nossa alma, nesse momento, nos transmite mensagens de paz ou de tormento e nos envia fortes impressões para que possamos nos manter ou não nessa sintonia. Rituais podem ser tão fortes que, além de tocar o espírito, também impactam o nosso cérebro, contribuindo para o foco e a concentração, além de nos ajudar a ter mais gratidão, rever emoções e atitudes, e nos levar a uma transformação pessoal.

Pode ser bastante simples ter um ritual diário ou semanal. Basta usar a sua intuição e criatividade, e fazer algo que atenda aos seus interesses e faça sentido para o seu coração. Os japoneses praticam o ritual do chá, que possui algumas versões diferentes;

...ENQUANTO A FELICIDADE NÃO VEM...

uma delas conta com um longo protocolo, que é descrito por muitos como um exercício de atenção e foco no agora, pois exige que cada movimento e etapa sejam cumpridos com desvelo e que a bebida seja de fato saboreada. Por ser um ritual coletivo, guiado por um anfitrião, esse momento tambem é repleto de gratidão e comunhão.

❄   ❄   ❄

Juntos ou sozinhos, podemos dançar, orar, cantar, cozinhar, ouvir música com atenção plena. Sozinhos, para aprendermos a apreciar nossa própria companhia, nos amar e nos cuidar, ou com outras pessoas, para que nos façam nos sentirmos abraçados.

❄   ❄   ❄

Um ritual também não precisa necessariamente fazer parte de um sistema religioso ou esotérico. Para muitas pessoas, uma faxina em casa após um dia estressante de trabalho pode ser um ritual libertador. Para outras, ficar em silêncio no escuro do quarto pode ajudar a desacelerar. Uma taça de vinho no jantar, uma corrida na esteira da academia. Além disso, hoje em dia técnicas de meditação tornaram-se populares nos ambientes corporativos, desconstruindo o mito de que essa prática é um conhecimento restrito e voltado unicamente para a espiritualidade. Os rituais estão diretamente relacionados com a maneira como interpretamos a realidade. A simbologia empregada no rito serve de metáfora para facilitar a nossa relação com as situações. E a superá-las. Até mesmo o hábito de vestir preto durante o processo de luto é instrumental no processo de superação do trauma, um símbolo de como está o seu coração diante da perda que sofreu.

Rituais, quando feitos em grupo, nos ajudam a criar conexão com as outras pessoas e fazem com que nos sintamos pertencentes a um grupo. Quem sente a movimentação energética provocada pela união percebe que tudo feito em grupo ganha força.

Capítulo 10

Enquanto a felicidade não vem

> *"Coisas transformam-se em mim*
> *Por todo o mundo é assim*
> *Isso nunca vai ter fim"*
>
> – Arnaldo Antunes e Marisa Monte, "Chuva no Mar"

O bem-estar vem naturalmente quando dedicamos tempo àquilo que realmente queremos fazer e que nos agrada. A nossa rotina é repleta de obrigações, mas temos que nos perguntar: esses compromissos são impostos por nós mesmos? Será que eles perderam o significado ou nunca tiveram um? Eles podem ser uma imposição social para agirmos de determinada maneira. A faculdade que você decidiu fazer foi decisão sua ou dos seus pais? O quanto você está se preocupando com o julgamento alheio e não consigo mesmo? Será que a sua casa precisa estar sempre impecável, sem que você tenha tempo para aquela aula de dança que pode dar flexibilidade ao seu corpo e lhe trazer satisfação? O que está faltando na sua vida e o que está excedendo? Falta mexer o corpo, silenciar a mente, ler um livro ou passear no parque? O que você deseja para si mesmo? Trago mais questionamentos: o que você tem feito exclusivamente para você? Por exemplo, se malhamos e definimos o corpo para atrair a atenção do outro, se emagrecemos para o outro nos elogiar, se nos vestimos de determinada forma ou agimos de determinada maneira para agradar alguém que não a nós mesmos será que isso vai ser suficiente? Creio que não, porque essa escada nunca chega num patamar de satisfação. O outro nunca se dará por satisfeito e sempre vai exigir mais.

O que os outros pensam, querem ou escolhem para nós não pode determinar as nossas experiências. E você nunca vai ficar satisfeito se tentar agradá-los, pois toda admiração será passageira e superficial. Agora, o que fazemos por nós é real, duradouro e nos alimenta, e o que nos alimenta se torna combustível para ampliarmos a nossa consciência. Cresce em nós. Quando observamos, de fato, como gastamos nosso tempo e onde colocamos nossa energia, temos condições de fazer mudanças benéficas para a nossa saúde mental, emocional, física e espiritual, e isso acaba por beneficiar também as nossas relações cotidianas. Essa atitude pode ser uma ponte para nós mesmos, para a nossa alma e para a positividade do Universo. Quando estou passando por um momento difícil na vida, penso muito na resiliência. Na física, essa palavra descreve um objeto que, mesmo sofrendo um impacto, volta ao seu formato anterior. Como uma bola de plástico que toma um chute, fica disforme, mas depois volta à sua forma original.

Na vida, ter resiliência é conseguir encarar cada dia como uma página em branco, na qual é possível iniciar um novo projeto do zero. É importante destacar também o que a resiliência não é. Ela não é algo que ocorre enquanto dormimos. Como se cada dia amanhecesse lindo e pleno, mesmo que o dia anterior tenha sido devastador. Conseguir se renovar diante do sofrimento é um processo longo e não dá para negar que pode deixar cicatrizes.

✵ ✵ ✵

Ser resiliente é despertar para uma nova esperança, uma nova versão sua, mesmo que cheia de marcas e cicatrizes. É seguir remando depois da tormenta, afinal o barco não pode ficar parado no meio do mar.

✵ ✵ ✵

Não é simples recomeçar, principalmente na idade adulta, e esse não é um pensamento muito usual na nossa cultura. Pense comigo. Nós ouvimos histórias, lemos livros e assistimos a filmes que têm começo, meio e fim. Isso nos leva a crer que a lógica do destino de todos nós é a mesma. Nascemos, crescemos, envelhecemos e morremos, e nesse meio-tempo estudamos, trabalhamos, casamos, temos filhos, nos aposentamos, ganhamos netos... como se fosse impossível parar um dia e trocar totalmente a ordem das coisas.

Nem todo mundo vai viver tudo isso nessa ordem, nem todo mundo pensa de acordo com essa lógica, e tentar segui-la a ferro e fogo só trará dor, frustração e sofrimento. Iniciar um *hobby* ou voltar a estudar na melhor idade nunca foi tão comum. Vemos pessoas iniciando uma faculdade aos 70 anos ou aprendendo a ler depois dos 80. Um dia desses, vi no noticiário uma senhora de quase 80 anos dizendo que conseguiu reunir toda a sua sabedoria de vida para começar a trabalhar. Ficou feliz ao receber pela primeira vez um salário que era só seu. Ela não precisaria mais depender do marido ou dos filhos para sustentá-la.

A cada dia, cai mais por terra a ideia de que a idade determina o limite para se fazer as coisas. A medicina e a tecnologia voltadas para o rejuvenescimento hoje nos permitem viver mais e com mais saúde. Surgem medicamentos e tratamentos novos a cada ano. Tentamos, ao menos, viver melhor, com mais qualidade. Na década de 1940, a estimativa de vida no Brasil era de apenas 45 anos, e hoje podemos até recomeçar a vida nessa idade. Ou aos 50, 60, 70 anos, quando você quiser.

José Saramago despontou como escritor aos 60 anos. Harrison Ford não teve expressão como ator até os 31 anos. Chegou a abandonar a profissão para se tornar carpinteiro, até aceitar o convite para um papel no filme *Loucuras de Verão* (1973), de George Lucas, para somente depois estourar nas bilheterias como Han Solo, na saga *Guerra nas Estrelas*, em 1977. Cora Coralina, grande poeta brasileira, publicou seu primeiro livro aos 75 anos, mas só foi reconhecida aos 91 anos, pelo grande poeta Carlos Drummond de Andrade, que escreveu um artigo sobre ela para o *Jornal do Brasil*, em 1980.

Não, nem todos precisamos ter histórias populares de sucesso como as que mencionamos. Mas esses são exemplos de pessoas que encontraram sua vocação, uma nova trajetória, mesmo depois de anos fazendo outra coisa qualquer ou num período da vida que muitos achavam improvável qualquer mudança acontecer. Remaram em outra direção e chegaram a algum lugar.

É como aquele ensinamento que já citei e que nos convida a ser como a água, que se molda a qualquer recipiente, que flui através de nascentes e rios e corre em direção ao mar. A força da água é sutil, não resiste, e sempre contorna os obstáculos. Ser resiliente é ser maleável, é conseguir, mesmo depois de enfrentar muitos desafios, se recuperar, respirar fundo e recomeçar. Porém, isso não ocorre num piscar de olhos. Parece simples ter resiliência, mas, na verdade, nós temos feridas na vida que precisam de tempo para cicatrizar. Se sofremos um acidente, não é possível acordar no dia seguinte com o corpo intacto, só com a força do pensamento. Da mesma forma, um coração partido não pode superar a dor antes de digeri-la.

Sempre que falo sobre algum tema nesta obra, eu me lembro de que os leitores terão problemas completamente diferentes e por isso desejo que cada um consiga ao menos aproveitar algumas destas palavras para provocar mudanças em sua vida. O sujeito que, embora não enfrente grandes problemas, sente desânimo diante da sua rotina estafante, pode adicionar um pouco de humor ao seu cotidiano, encontrar outra forma de encarar seu dia e aceitar que é preciso fazer algumas mudanças. Por outro lado, alguém que convive com uma doença terminal terá de desenvolver a habilidade de viver um dia de cada vez e só fazer o que está ao seu alcance, com a ajuda de amigos, familiares e profissionais dedicados a trazer amparo emocional e espiritual. Todos nós podemos ser resilientes, cultivar a ideia de que é preciso continuar seguindo em frente, sem nunca desistir. Receita pronta de como se tornar resiliente na vida ainda não existe.

Também é fundamental nos apegarmos às pequenas coisas que nos fazem bem e aos pequenos objetivos, pois eles são mais exequíveis e estão mais de acordo com a nossa capacidade no momento. Mesmo quando estamos carregando o peso do sofrimento, podemos vislumbrar a fagulha de felicidade que virá na sequência e apreciá-la com profundidade. E isso é possível até quando, por ironia do destino, temos que passar pelo processo novamente. Nesse caso, devemos respirar fundo, esperar um tempo até recuperarmos as forças e criar estratégias para que as

...ENQUANTO A FELICIDADE NÃO VEM...

coisas voltem ao lugar, encontrando caminhos para transformar a dor em algo construtivo, um aprendizado de vida, por mais absurdo que isso possa parecer. Muitas vezes, temos de carregar fardos que parecem eternos, mas sempre haverá uma pausa, um momento em que sentiremos paz, felicidade, e que nos devolverá a energia e a força de viver, pois já sabemos que o mundo é baseado em ciclos e a dor não precisa durar para sempre.

Por isso falei tanto em movimento, em ação, ao longo deste livro. Tudo na nossa existência é transformação. Até as pedras, que parecem imóveis, rolam ou ganham novas formas com a força da água, que as esculpe, golpeando-as repetidamente. Aliás, ser água é se adaptar e reconhecer que há um fluxo, lembra? Assim como os rios, que atravessam várias paragens, podem desaguar no oceano ou ter sua rota alterada por um novo acidente geográfico, um desastre ambiental, um fenômeno climático inesperado ou até pelas mãos do homem, que interfere na natureza sem pedir licença. A nossa vida pode ter um fluxo leve e constante quando temos a sorte de não encontrar tantas pedras e obstáculos no caminho, mas nem sempre é assim.

Toda a experiência de viver passa por sentimentos com os quais não é fácil de lidar. A raiva, por exemplo. Até ela tem utilidade na nossa vida, acredite. Não é mais confortável abraçar essa raiva, entender de onde ela vem e transformá-la em coragem do que sair por aí tratando a todos com agressividade?

Gandhi foi um líder espiritual indiano que lutou pela não violência e morreu assassinado. É revoltante imaginar que ele teve a sua vida ceifada por um ato violento mesmo lutando a vida toda contra a violência. Só que, além de ativista, ele também foi marido, pai e avô, e o neto dele, Arun Gandhi, descreveu como era conviver com esse mestre, que lhe ensinou a lidar com a raiva. Arun era um adolescente indiano que vivia na África do Sul, só arrumava confusão e vivia furioso por causa do preconceito que enfrentava por viver naquele país. Ele sentia que não pertencia àquele lugar e esse era um dos motivos que revoltavam o jovem. Numa época em que as questões raciais dividiam a África do Sul, ele era um "não branco" para os brancos e não era considerado negro pela população negra. Para conseguir driblar tantos desafios, os pais de Arun Gandhi decidiram que seria bom para ele passar um tempo com o avô, num *ashram* na Índia, um lugar onde as pessoas se dedicam à evolução espiritual, muitas vezes com a ajuda de um guru. Ao chegar lá, não demorou para o menino de 12 anos arrumar confusão. Ele se abriu para Gandhi, que não o repreendeu, mas o questionou sobre seus sentimentos.

Assim que chegou, sentiu muita raiva por ser trapaceado no jogo de futebol com meninos da rua e ouviu o primeiro ensinamento do avô. Achando que tomaria uma bronca ao contar que teve vontade de jogar uma pedra nos meninos, ele foi surpreendido por Gandhi. O avô ficou feliz ao ver que o neto era capaz de sentir raiva. Afinal, ter a capacidade de se indignar é algo positivo num ser humano. Quando perdemos a capacidade de identificar injustiças, isso é uma indicação de

...ENQUANTO A FELICIDADE NÃO VEM...

que um pouco da nossa alma já foi dominada pelo desânimo, pela inércia. É sinal de que cansamos de buscar o melhor para nós e para o mundo. Vale a pena reproduzir aqui as palavras que ele lembrou de ter ouvido do avô na época:

A raiva para as pessoas é como um combustível para o automóvel. Ela nos dá energia para seguir em frente e chegar a um lugar melhor. Sem ela, não teríamos motivação para enfrentar os desafios. A raiva é uma energia que nos impele a definir o que é justo e o que não é[17].

Você tem algum sentimento ruim que o incomoda? Procure saber como lidar com ele, como transformá-lo por meio do autoconhecimento. A inveja é outro sentimento que nos causa tanta vergonha que não temos coragem nem de assumi-lo para nós mesmos. Inventamos que não gostamos de alguém por um motivo qualquer, sem nos dar conta de que era só inveja. Por que negá-la? Será que a inveja não pode ser uma pista para entendermos o que de fato desejamos? Será que não podemos conseguir o mesmo se nos aproximarmos da pessoa que invejamos e entendermos como ela conseguiu ter a vida que queríamos? A inveja pode ser o lado sombrio da inspiração. As pessoas atualmente falam muito em "pegar ranço de alguém", que basicamente é pegar asco de uma pessoa sem saber exatamente por quê; ou seja, não ir com a cara dela. Não seria isso uma fuga ou uma resposta raivosa ao nosso sentimento de inveja? É fácil apontar os defeitos dos outros, julgar, "cancelar" quem comete erros, mas isso não nos isenta de cometer os mesmos erros ou de nutrir sentimentos dos quais não nos orgulhamos. A grama do vizinho pode parecer sempre mais verde que a nossa. E isso pode nos fazer querer trabalhar mais para melhorar nossa grama ou pode ser motivo para ficarmos rogando praga na grama alheia. Qual das duas atitudes é mais positiva?

Tenha fé na sua própria superação. De que vai ser uma pessoa melhor depois de superar as dificuldades porque buscar dias melhores faz parte de estar vivo, de estar presente de corpo e alma neste mundo. Somos seres tão complexos que tudo o que vivemos fica na memória do nosso corpo, no inconsciente, nos sentidos e até gravado em nossas células. Podemos não ter lembranças vívidas de uma infância feliz, mas fica em nós uma sensação boa daquela fase. Podemos não ter guardadas as cartas enviadas a um amor da adolescência, mas toda aquela história, os sentimentos, está tudo guardado em algum lugar do nosso coração.

O conceito de felicidade que busco traduzir aqui tem a ver com as experiências de vida, sejam elas boas ou ruins, porque creio na ideia de que ser feliz não é sinônimo de ausência total de problemas. A paz faz com que nos sintamos bem, mas só os percalços transformam a nossa existência e nos fazem evoluir. Criamos histórias todos os dias, por mais que possamos imaginar que o nosso dia a dia não seja interessante para ninguém. Experimente trocar impressões sobre o seu cotidiano com outras pessoas, até com estranhos, para ver como essa magia acontece. Um amigo terapeuta uma vez me disse que a frase que ele ouve de qualquer paciente, depois de um certo tempo de terapia, é: "Hoje eu não tenho nada pra contar". E daí, basta uma pergunta provocativa para dar início a uma enxurrada de desabafos e relatos de acontecimentos.

Para um sábio, tudo é oportunidade de reflexão. Isso, sim, é um caminho real para a felicidade! Entendo que não é preciso ser uma pessoa instruída ou evoluída para buscar dias bons ou autoconhecimento. Para conseguir alcançar a felicidade, é preciso saber o que ela é para nós. Se a felicidade fosse uma cidade distante, onde ela estaria? Que caminho teríamos de percorrer para chegar até ela? Seria possível alcançar essa terra prometida sem um mapa ou sem conhecer a direção? Como saber a direção? Qual bússola usar? Qual estrelas seguir para encontrar terra firme quando estamos em alto-mar? Talvez questionando, refletindo, trocando opiniões e experiências, talvez ouvindo um pouco quem já trilhou esse caminho e possa nos dizer que trilhas podem nos levar aonde queremos ir.

Não posso provar, mas talvez seja fato que uma nova existência nos aguarde após esta vida na Terra. Mesmo assim, se tudo acabar depois desta vida, ter refletido sobre ela e sobre a felicidade, ao menos uma vez, já dá valor e sentido a esta existência. Se fomos colocados aqui, sem uma explicação racional do real motivo para vivermos em meio a catástrofes e injustiças, belezas e mistérios, por que não assumir o comando e guiar nossa vida da melhor forma possível? Seria esse o tal livre-arbítrio?

✳ ✳ ✳

Mas, lembre-se, a busca pela felicidade é individual e intransferível. Nessa jornada, pode até ser que você fique tentado a cortar caminho por uma via escura e acabe perdido. Mas volte algumas casas nesse jogo, recomece. Respire e analise as possiblidades.

✳ ✳ ✳

Acredito que sim. É nisso que acredito. Que estamos aqui para sermos únicos, para que cada unidade maravilhosa de vida possa se transformar, a cada dia, num universo mais pleno e equilibrado, onde tudo o que é mais diverso viva em harmonia e cada nova oportunidade seja mais um aprendizado no caminho da sabedoria, que não deve ter fim.

Enquanto não sentir um chamado, não pare de procurar horizontes com os quais você possa se identificar. Enquanto a felicidade não vem, busque o conhecimento e a inspiração, sem grandes pretensões. Esses *insights* sobre a felicidade, e sobre a vida, vêm das coisas mais simples e cotidianas. "Simples", essa palavra que é o contrário de "complicado" é que me leva a desejar uma existência descomplicada. Com o menor número possível de contas a pagar, o mínimo de roupas novas para comprar e de propriedades para gerenciar.

Com a prática do exercício diário de nos satisfazer com o que temos, sem uma ambição desmedida ou megalomaníaca, a vida nos surpreende cada vez mais e sentimos de fato a satisfação das nossas conquistas e da realização de um sonho maior.

Há séculos já sabemos que a felicidade está na simplicidade. Todos os dias, porém, somos bombardeados com a ideia de que os bens materiais são o único caminho para a satisfação. A busca pelo acúmulo de bens, pela fortuna, pela satisfação imediata dos nossos desejos norteia a nossa vida e nos aprisiona, nos fazendo esquecer a dimensão espiritual e bela que está muito além de tudo isso.

Quando olhamos para trás, para avaliar o que fizemos da nossa vida até aqui, nos enchemos de culpa por tudo o que não fizemos. Isso é o que nos é ensinado. A capacidade de aprender com o passado ainda falta na maioria de nós, seja no nível individual, comunitário ou nacional. Sabemos, desde sempre, que precisamos proteger o planeta onde vivemos para poder continuar existindo nele, mas continuamos a não nos importar, inclusive contribuindo para a sua destruição iminente. Não nos vemos como parte de um todo. Enquanto cada um de nós buscar a própria felicidade sem relacioná-la ao bem-estar de todos, continuaremos a viver num mundo cada vez mais desigual.

Muitos colocam em dúvida a origem de uma frase que define muito bem praticamente tudo o que falamos aqui. Mas, folheando o livro do neto de Gandhi, descobri que ele próprio cita esse pensamento e dá o crédito ao avô. Afirmo, portanto, sem medo de ser feliz, que o mestre indiano disse: "Seja a mudança que você quer ver no mundo". Reme. O seu mar interior é grande e as possibilidades são muitas. E sua terra firme pode demorar para aparecer, mas você pode se divertir com a viagem e aprender com ela.

Toda vez que olhar para o lado e se irritar com algo, ficar indignado, se sentir injustiçado ou até mesmo triste e insatisfeito, faça o que muitas pessoas não foram capazes de fazer. Sinta todo o seu amor, sua compaixão, sua empatia pelo mundo e por você mesmo, mas não deixe de tirar proveito da raiva e da indignação que nos fazem avançar, na busca de uma vida mais digna para todos.

...ENQUANTO A FELICIDADE NÃO VEM...

Transforme a si mesmo, se ressignifique, espalhe o seu melhor e viva seus dias da maneira mais consciente possível... enquanto a felicidade não vem.

"Insista,
viver é luta constante,
e a alma não pode estar presa ao corpo
cumprindo pena,
sob o olhar da muralha.
E enquanto a felicidade não vem,
aprecie as flores da batalha"

– **SERGIO VAZ,** *poeta*

Posfácio

Renato Oliveira Rossi,
*médico psiquiatra (EPM-UNIFESP),
analista junguiano em formação pela Sociedade
Brasileira de Psicologia Analítica (SBPA)*

Após a leitura desta obra inspirada, primeiramente digo que este livro me deixou feliz. Ao longo da tessitura de suas reflexões, senti a esperança me conduzindo ao longo da narrativa, trazendo-me lembranças e sonhos, risos e lágrimas.

Numa conversa com André, quando terminei a leitura do manuscrito, eu disse algo que traduz a minha experiência desta leitura: um livro profundo, que ao mesmo tempo se faz simples. Que nos leva aos vales da nossa alma, das nossas dores, das angústias inerentes à nossa humanidade, mas que é direto em sua proposta, que não dificulta o seu acesso ao leitor. Enquanto lia este livro, me vi rememorando o passado, com novas significações das lembranças. Sonhei o futuro, com nova esperança. E olhei para o presente, com toda a potência deste momento, pensando em como viver o hoje com felicidade.

Muito me toca a visão de felicidade, não enquanto meta a ser alcançada, mas enquanto estado de busca e de conquista. Não o fim de uma jornada, mas o próprio caminho em si. Não se pode dizer "agora sou feliz" como ponto de chegada, pois a jornada continua. Novos passos, novos desafios da vida, novos problemas, a vida segue.

E esse estado de busca, enquanto intenção para esse caminho, não diz respeito apenas ao futuro. A forma como sentimos as nossas lembranças e como conseguimos ser resilientes em nossas dificuldades, no caminho para a felicidade, suaviza as dores vividas. E em relação ao hoje, neste momento de potência, a felicidade nos guia em nossas bifurcações.

Eu me senti realmente tocado com a ideia da felicidade enquanto inteireza e não como a "pseudoalegria" histérica para a qual André nos alerta, tão comum nos dias de hoje. Acolher nossas dores, reconhecer nossas cicatrizes enquanto constituintes da nossa história, esse também é um importante componente da felicidade.

Em suma, um livro verdadeiramente provocativo, honesto em toda a sua singeleza e complexidade, que nos convida não apenas a ler, mas a viver o que André nos traz em forma de reflexão sobre o caminho da felicidade durante todas as etapas da nossa efêmera existência.

Agradecimentos

Humberto Rodrigues
Priscila Pontes
Alexandra Delfino
Monja Coen
Francine Linge
Alice Betania Miranda
Bruna Bartoli de Noronha
Renato Oliveira Rossi
Bianca Carosini
Tulio Cesar
Tamiris Neres
Josana Camilo
Inácio Chaves (*in memoriam*)

**Por terem me acompanhado
nesta travessia sobre a felicidade.**

BIBLI

Livros

BETTO, F.; BOFF, L.; CORTELLA, M. S. *Felicidade Foi-se Embora?* Petrópolis: Editora Vozes, 2016.

GANDHI, A. *A Virtude da Raiva: E Outras Lições Espirituais do Meu Avô Mahatma Gandhi*. Rio de Janeiro: Editora Sextante, 2018.

HUGO MÃE, V. *As Mais Belas Coisas do Mundo*. Rio de Janeiro: Biblioteca Azul, 2019.

JOHNSON, T. H. (org.). *The Complete Poems of Emily Dickinson*. Nova York: Back Bay Books, 1976.

JUNG, CARL G. *A Prática da Psicoterapia*. Tradução de Maria Luiza Appy; revisão técnica de Dora Ferreira da Silva. Obra Completa 16/1. Petrópolis: Editora Vozes, 2013.

_____. *Modern Man in Search of a Soul*. Londres: Kegan Paul, Trench, Trubner & Co Ltda, 1933.

_____. *Sobre Sonhos e Transformações: Sessões de Perguntas de Zurique*. Petrópolis: Editora Vozes, 2014.

OGRAFIA

KIERKEGAARD, S. *Pós-Escrito às Migalhas Filosóficas*. Vol. 1. Petrópolis: Editora Vozes, 2013.

LISPECTOR, C. *A Descoberta do Mundo*. Rio de Janeiro: Editora Rocco, 1999.

LUFT, L. *O Tigre na Sombra*. Rio de Janeiro: Editora Record, 2012.

MAHARSHI, R. *Who Am I? The Teachings of Bhagavan Sri Ramana Maharshi*. Monchique: Centro de Retiros Karuna. 1982.

MCMAHON, D. *Felicidade: Uma História*. São Paulo: Editora Globo, 2007.

MEIRELES, C. *Obra em Prosa*. Vol. 1. Rio de Janeiro: Editora Nova Fronteira, 1998.

PESSOA, F. *Poesias de Álvaro de Campos*. Lisboa: Ática, 1993.

SCHOCH, R. *A História da (In)felicidade*. Rio de Janeiro: Editora Best-Seller, 2006.

XAVIER, C. (pelo Espírito de André Luiz) *Respostas da Vida*. São Paulo: Editora Federação Espírita Brasileira, 2021.

WARE, B. *Antes de Partir: Uma Vida Transformada pelo Convívio com Pessoas Diante da Morte*. São Paulo: Geração Editorial, 2017.

Internet

COLSTON. P. "The Finnish Secret to Happiness? Knowing When You Have Enough." *New York Times*. Nova York, 1º de abril de 2023. Disponível em: https://www.nytimes.com/2023/04/01/world/europe/finland-happiness-optimism.html. Acesso em: 1º abr. 2023.

CONSELHO FEDERAL DE FARMÁCIA. Vendas de medicamentos para depressão aumentaram 13% este ano. Notícias do CFF, 30 de julho de 2021. Disponível em: https://www.cff.org.br/noticia.php?id=6428. Acesso em: 15 abr. 2023.

DICIONÁRIO ONLINE DE PORTUGUÊS. Disponível em: https://www.dicio.com.br/virtude/. Acesso em: 7 mar. 2023.

INSTITUTO QUALIBEST. Pesquisa sobre felicidade. Relatório on-line. São Paulo, 2022. Disponível em: https://www.institutoqualibest.com/download/a-pesquisa-sobre-felicidade. Acesso em: 25 fev. 2023.

LEE, B. *Bruce Lee: The "lost" interview*. Entrevista concedida ao *The Pierre Berton Show*, 1971. Disponível em: https://www.youtube.com/watch?v=VEGTk1qGnRg. Acesso em: 5 fev. 2023.

MURRILS, A. "Just How Slow Can You Go?" *The Georgia Straight*, 3 de junho de 2004. Disponível em: https://www.straight.com/article/just-how-slow-can-you-go. Acesso em: 3 fev. 2023.

NEWPORT, C. "It's Time do Embrace Slow Productivity." *The New Yorker*, 3 de janeiro de 2022. Disponível em: https://www.newyorker.com/culture/office-space/its-time-to-embrace-slow-productivity. Acesso em: 14 abr. 2023.

PRÉCOMA, D. B. *et al.* (org.). "Updated Cardiovascular Prevention Guideline of the Brazilian Society of Cardiology – 2019". Arquivos Brasileiros de Cardiologia, vol. 113, nº 4, 2019. Disponível em: https://www.scielo.br/j/abc/a/SMSYpcnccSgRnFCtfkKYTcp/?lang=en. Acesso em: 3 abr. 2023.

SLOW FOOD. Disponível em: https://www.slowfood.com/. Acesso em: 8 abr. 2023.

VAZ, S. Poesia "Insista", 4 de dezembro de 2020. Disponível em: https://twitter.com/poetasergiovaz/status/1334852960581521409. Acesso em: 8 fev. 2023.